金田一春彦著

日　本　語

新版

（下）

岩 波 新 書

3

MW01697567

目次

上巻目次

Ⅳ　表記法から見た日本語

一　日本人と文字

日本語の表記法についてまず注意すべきことは、日本人の読み書き能力の高さである。かなり厳しい基準で計算しても、文盲率は一・七％だろうという（『岩波講座・日本語』1　柴田武）。

CIEによる調査

筆者は直接関係したので印象は鮮やかであるが、終戦直後、占領軍が日本を支配した時に、アメリカの文部省・日本支部ともいうべきＣＩＥ（民間情報教育局）では、日本語の表記法の難しさに驚き、日本人の幸せのため、日本人に漢字や仮名を捨てさせ、ローマ字を使わせようとした。ただし、その時にしたことがえらい。何年何月何日から一斉にローマ字を使えという指令は出さなかった。その前にすべての日本人に読み書き能力の客観的な調査を行い、その結果、おまえたちはこのように読み書き能力が低い、だからローマ字を使うようにせよという段取りをとろうとしたのである。

そのために、ＣＩＥでは各市役所・区役所・町村役場へ行って、戸籍簿を提出させ、一万人おきにしるしをつけた。そうして、その人間は何年何月何日に小学校へ出て来て試験を受けろという命令を発した。

筆者は、石黒修のもとで、柴田武らとまず問題を作るところからはじめた。第一問は平仮名が読めるかどうか、第二問はカタカナが読めるかどうか……という具合で、最後の問題は新聞の社説を読んでその意味が理解できるかを試す問題、そういう問題を一時間に応答できるように作り、それを全国で一斉に同じ日に試験できるように計画したのだから、大変だった。

出席したお婆さん

今だったら、そんな試験をすると言っても一人も出席しないかもしれないが、当時はアメリカの命令と言ったら、どんな無理でも聞かなければいけないという時世である。筆者の担当地域は、神奈川県の小田原地区だったが、当日、試験場へ乗り込んでみると、一時間も前からみな教室に集まっている。たった一人、席があいているので、調べてみると、東京で二度火災に遭い、小田原の親戚の二階の一間に家族五人で暮らしている、そのうちの老婆が指名されていたことがわかった。

筆者はひとりでも欠けたらまずかろうと、その老婆を呼びに行ったところ、彼女は小学校へも行かなかったために仮名もろくに書けず、字を習うのは今度生まれたらのことにしようと思っていたという人間なので、ＣＩＥから呼び出しが来た時に、熱を出して寝込んでしまった。

そこへ筆者が訪ねたので、彼女は驚いた。にわかに飛び起きて、ふとんから出、畳の上に正座して、「私のようなものが行って試験を受けては、天皇陛下しゃまの恥になります。どうかお見逃がし下さい」と、額を畳にすりつける。そうして、「これは私の娘でございますから、どうぞこれを身代りに連れて行って下さいませ」と懇願する。娘はもう行くつもりで、きれいな和服に着替えて誘いを待っている。まるで人身御供だ。筆者は、「いや、これはどうしてもお婆さんでなければ。これはクジにあたったので、お婆さんはクジ運が強いから次は宝くじにあたるでしょう」などといい加減なことを言っていたら、お婆さん、心を決めた。「わかりました。私が参りましょう」と言い放ち、紋付き羽織で出てくることになった。

日本人の読む力

筆者はお婆さんを連れて試験場に行き、やがて試験がはじまったが、その結果はどうであったか。日本全国の試験の成績を見ると、全体の成績は驚くべきほどよく、なるほど満点をとった人こそ少なかったが、文盲はゼロに近かった。これは石黒ほか編の『日本人の読み書き能力』という本に出ているから参照されたい。

筆者が連れて来た老婆はどうしたか。筆者は、零点をとるだろうかとかわいそうに思いながら答案をのぞいてみたら、その老婆の名前が「はな」だったか、この二字だけは読めるので、次の文字のうち「はる」というのはどれですか、と口頭で聞いて○を付けさせる問題だけは出来、一〇〇点満点のうち、五点とったのだった。

ＣＩＥはこの結果に驚き、日本の教育のすばらしさを感嘆し、結局ローマ字の口の字も口にせずアメリカへ引き上げて行った。筆者は思いがけない結果に嬉しさにたえず、文部省に行って、教育の成果を喜びあった。が、今思うと、文盲が驚くべきほど少なかったのは、これは上巻で述べた日本語の音韻の特色、拍の種類が少ないことが、大きな原因になっていた。それから、日本人が文字に親しんでいるということも、大きく働いていたにちがいない。

日本人は本が好き

明治時代に来朝したポルトガルの軍人モラエスは、車夫が人を運びながら腕木の上に本を置いて小説を読んでいるのに驚いている。日本を訪問した外国人の多くが感心することの一つに、日本人が本をよく読むことがある。アメリカあたりでは、子供に本をみやげに持って行くと、まずいやがられるというが、日本ではそんなことはない。日本の文字は、次節以下に言うように、世界で類のない難しさなのに、日本人が文字に親しんでいるのは、特筆すべきことである。

文字が書けないというのならともかく、その国語に文字がないということになると、大騒ぎで、アフリカのソマリアには、ソマリア語というちゃんとした国語があるのであるが、それを写す文字がない。そこで、ソマリアで行われる会議では、同じソマリア語でしゃべっているのを、ある人はフランス語でノートにとり、別の人はイタリア語でとる、中には英語でとっている人もある(『言語生活』昭50・2 西江雅之)というが、これでは大変だ。

二　種々の文字の使い分け

日本の文化は雑種文化だと言うが、日本語の表記ぐらい、世界各国の種々の文字を組合わせて使っている例はほかにない。

五種類の文字

Ｙシャツ　見切り品　￥2,000より

そのへんでザラに目に入る文句であるが、この短い中にすでに「漢字」と呼ぶ、上代に中国から伝わった文字、「カタカナ」「ひらがな」という、日本で発明した二種の文字、「ローマ字」という、ローマ帝国から欧米各国にひろまって日本に入った文字、「アラビア数字」という、インドからアラビアを通ってヨーロッパに行き、日本に渡って来た文字――、都合五種類のものを使い分けている。

表音文字と表意文字

世界の文字は、大きく分けて、〈表音文字〉と〈表意文字〉の二つに分かれる。表音文字というのは文字が音だけを表わすもので、たとえば、仮名などは代表的なものだ。「こ」という文字はコという音だけを表わすから、コという音が使われる言葉なら何にでも使える。「コドモ」でも「ココロ」でも「こ」を書いてよい。

それに対して、表意文字というのは、発音と一緒に意味を表わす文字で、漢字はその代表だ。

たとえば「子」という文字はコという音も表わすが、同時に「親子」の「子」の意味を表わすから、「コドモ」は「子ども」と書いてもいいが、「ココロ」を「子頃」などと書くわけにいかない。「コノアイダ」というのを「子の間」と書いてはいけない。つまり漢字というものは、発音だけではなくて、一緒に意味も表わす特殊な文字だということになる。

世界の文字は、多くは表音文字で、仮名・ローマ字・ハングル（韓国・北朝鮮の文字）、あるいは昔のギリシャの文字などが表音文字であり、発音だけしか表わさない。このほかに、インドの文字、アラビアの文字なども表音文字である。

漢字はその点、大変珍しい文字である。発音のほかに意味も表わす表意文字というのは、漢字のほかには、強いて言えば、アラビア数字――1、2、3……がそうだ。「1」は「イチ」と読み、数のイチを表わすときにしか使えないから、「位置」の代わりに使って、「横浜は東京の南に1する」と書くことはできない。1は「場所を占める」という意味をもっていないからである。もっとも数字は数しか表わせないから、表意文字といってもずいぶん特殊なものだ。

表意文字のいろいろ

しかし、古い時代には漢字以外にも、広く使われた表意文字があった。代表的なものはエジプトの文字である。左の図に示すような、絵のようなおもしろい文字である。現在こういう文字は全然どこにもないかというと、先年、京都大学の言語学教授・西田龍雄が、モソ文字という変った文字を発見し、『生きている象形文字』の中に報告している。これは、中国の雲南省で今も使われているという。

だが、残念ながらこの文字は、使っているのは宗教関係の人だけで、社会に広く通用しているのではなさそうだ。結局、表意文字の中で今広く使われているのは漢字だけであり、それから表意文字と表音文字と両方あわせて使って生活しているのは、日本のほかに韓国だけだ。

同じ言葉の違った表記

日本では、このような違った種類の文字を混用することから、日本語に限ってあらわれる特殊な現象がある。まず同じ言葉がいろんな文字で書かれる習慣だ。たとえば「ハルガキタ」「はるがきた」「春がきた」「春が来た」「ハルが来た」。このうち一番標準的なのは三つ目の漢字・平仮名まじりであるが、ほかのように書いても間違いとは言えない。英語ではこういうことはない。英語では“Spring has come.”というのが正しい形で、これを変えて書こうとしても、せいぜい全部を大文字にして“SPRING HAS COME.”と書いたり、各単語のイニシャルだけ大文字で書いたりするくらいしか方法がない。

日本人は、漢字が思い出せない時は仮名で書いておく、それで間違いではないという習慣がある。これは外国人を驚かす。外国人は、漢字で書く字は必ず漢字で書くものだと思っている（松田麻耶子『外から見た日本語』）。

また、日本人は、同じ言葉に対してちがった書き方をして楽しむということもあるようだ。三木露風の作品に『赤蜻蛉』という有名な童謡がある。これを、岩波文庫『日本童謡集』で見ると、題は漢字で「赤蜻蛉」と書いてあるが、一行目の「夕焼、小焼のあかとんぼ」というところは平仮名だけで書いてある。そうして、最後のところでは、「夕やけ小やけの赤とんぼ」と、漢字・平仮名まじりで書いてある。恐らく、三木は、まあ、違えて書いてみたというだけのことであろう。

こういった習慣は、実は、日本に古くからあって、よく、色紙に短歌などを書く人は、「鳥」という言葉が二回出てくると、最初のトリを漢字で書いたら二回目は平仮名で書かなければいけない、ということになっていた。あるいは、同じ平仮名を使っても、最初を普通に「と」と書いたらその次は「𛂦」というような変体仮名を書くということもあったようだ。

しかし思いがけない時に、日本人は漢字と仮名の二重書式を利用することがある。上巻（一五三ページ）に紹介した、上田敏の「山のあなた」で試みた「人」と「ひと」の使い分けなどその例だ。また、こんなこともあった。

うた沢・OX主義・E電

日本の古典的な歌曲にウタザワというものがある。流派によって字が違い、「歌沢」「哥沢」と対立している。いつか、邦楽学者の吉川英史が、このウタザワを集めたレコードを作った。ところが、全体の題をつけようとしてハタと困った。一方の字を使うと、もう一方の流派の人に叱られる。そこで、熟慮の末、「うた沢」と書いて切りぬけたという。

現代の日本では、この仮名・漢字のほかにアラビア数字・ローマ字が入って来ている。たとえばＰＴＡとか、Kioskとか、最近のＪＲとか。Ｘ線やＹシャツぐらいならいいのだが、「ＯＸ主義」と書いてマルクス主義というのがあるそうだ。場末のレストランで、「ハムx」という文字が壁に貼ってあるのを見たが、これはハムエッグスと読むのだそうだ。

ことに最近は嵐山光三郎の〈ＡＢＣ文体〉とかいうのが考案されていて、「……である」は「……でＲ」と書き、風俗営業の店の紹介になると「Ｅ気分」「ＥったらＥ」「うれＣ」「たのＣ」などと書く。金髪のソープ嬢の店の紹介にはふさわＣのかも知れないが、先頃のＥ電もこの流儀でやったとすると、大変なことだ。

文字の併用の長所

このように、日本では種々の文字をあわせて用いている。このことはたしかにいい点もある。文字を見た場合、その内容を早く理解できるからだ。たとえば、ニューヨークあたりへ行って、本屋にとび込んだ場合、そこで、自分のほしい本がないかと探すのだが、見つけるのに苦労する。というのも、ローマ字で“The Story of Language”などと書いてあるのだが、これが小さくてなかなかわかりにくい。こういうところで自分のほしい本を探すとなかなか見つからず、キョロキョロしているうちに本屋の店員が寄ってきて、「何かあなたのために私は役立つことができるか」などと質問をされる。邪魔でしかたがない。

そこへいくと、日本の本屋で本を探すのはらくである。日本の漢字・仮名の使い分けというのは、まことに有難いものだと思う。

そういうわけで、日本の文字で書いた文章は馴れれば実に読みやすい。新聞を開いた場合、まず大きな漢字のところだけ見ていけば、大体の内容はつかむことができる。こういうことは、ローマ字で書かれた文献ではできないのではないか。柳田国男は、漢字だけサッサッと読めば、日本の本は書いてある大体の意味がわかると豪語していた。

文節の頭は漢字で

日本語は、そういうわけでいろいろな文字をあわせ用いていることから、いわゆる文節の頭がわかりやすいというようなことがある。つまり、多くの場合、名詞や動詞・形容詞の語幹の部分は漢字で書かれ、助詞の類いや動詞・形容詞の語尾の部分は仮名で書かれるからである。そのために日本文は、余白なしに「雪の降る町を思い出だけが通り過ぎて行く」と書いてりっぱに読める。もし、これを仮名ばかりで書くと、「ゆきの　ふる　まちを　おもいでだけが　とおりすぎて　ゆく」と、分かち書きをせざるをえない。さらに、ローマ字の場合にはもっとこまかく分けて書かなければ、読みにくい。

こういうことから、文節のはじめを仮名で書きはじめ、途中を漢字にするということは好ましくない。

婦女子がら致される(拉致)　　就職をあっ旋する(斡旋)　　山間へき地(僻地)

などというのは、常用漢字の中にないからというので、こんな体裁になっているが、こういう言葉は使わないに越したことはない。どうしても必要ならば、常用漢字の中に入れた方がいい。

また、日本語には句読点や「　」のしるしが発達しなかったと言われるが、日本語の場合にはそういうものがなくても、まあ、それほどは困らないのだ。谷崎潤一郎の『春琴抄』には、しばしば句点が落ちているが、何とか読める。樋口一葉の『たけくらべ』は全然引用符がなかったが、信如の言葉とみどりの言葉を取りちがえて読むことはなかった。

しかし、こんなことから、不当に句読点を惜しむのはまずい傾向だ。上月木代次が言っているが、刑法第一三三条に、

故ナク封緘（ふうかん）シタル信書ヲ開披（かいひ）シタル者ハ……

とあるが、これは「故ナク」のあとに「、」が必要だ（『言語生活』昭41・7）。

カタカナのよさ

ここでちょっとカタカナのよさに触れると、カタカナがあるために、日本人はどの単語が外来語であるか簡単にわかる。つまり、そこのところは、急ぐときは意味がわからなくても読みとばしてもいい。これが中国あたりだと、外来語をすべて漢字で書くから大変だ。コーヒーは新しく漢字を作って「珈琲」と書くが、在来の漢字を使おうとすると、漢字はなまじっか一つ一つが意味をもっているから使いにくい。バスは「巴士」、タクシーは「的士」と書き、何か兵隊の種類のようだ。マルクスは「馬克思」、レーニンは「列

寧」、シェイクスピアは「莎士比亜」、カントは「康徳」という調子で、マリリン・モンローは「瑪麗蓮夢露」となるという。日本では、だいたい耳に響いたところをカタカナで書くから実に世話がない。

文字併用の短所

しかし、いい面があるとどうしても悪い面があって、それはまず日本語の文字教育が大変だということがある。そのほかに、日本語で書いたものは印刷が大変めんどうだということもある。欧米では、机の上に載る程度の活字箱があれば、どんな文章でも自由に印刷できるそうだ。日本ではそうはいかないと言われた。

以前、印刷所では一つの部屋の一方の壁に活字をギッシリ詰めておき、原稿を見ながら必要な活字を拾って歩く、これを〈文選〉というが、「文選一里」といって、つまり、新聞の一ページに必要な活字を箱に拾うだけで一里(約四キロメートル)ぐらい歩くと言われた。次には拾った活字を正しい順序に並べる〈植字〉という作業をするというわけだ。そうしてさらに、一回使った活字をもとの位置に戻すという作業もあるわけで、日本文の印刷は大変だった。

漢字制限

終戦直後の文部省は、このことを考えて、漢字の制限を断行した。いわく、欧米では、タイプライターが一つあれば、手で書くよりももっと速く、そしてもっときれいな文字が書ける、それに引き換え日本語の方は、漢字・仮名の併用というところから、タイプライターの使用が困難で、カタカナだけのタイプライターならばまあ簡単であるが読みにくく、漢字・仮名のものにすると能率がすこぶる悪い。これでは欧米の進んだ文化についてゆくことは到底できない。日本人は、漢字の数を少しでも減らさなければならない――と考えて、当用漢字一八五〇字をきめ、官庁から出る文書はすべてこれでまかなう、一般もなるべくこれに従うようにという法令を出した。これによって、「岡」「崎」「伊」「藤」……あるいは「袂」「袖」「襟」「裾」……のような懐しい文字が、原則として仮名で書かなければならなくなった。

筆者はそのころ、まだ文部省国語課の嘱託だったが、一も二もなく文部省を支持し、ラジオに雑誌に漢字制限を論じたものだった。――が、三十余年たった一〇年ぐらい前から、この考えは捨てた。それはワープロという機械の発明によってである。

ワープロの普及

ワープロとは、一口で言えば、漢字を恐れぬタイプライターだ。たとえば、手紙を出そうとして、まず「拝啓」と漢字で書きたいと思えば、仮名の「は」「い」「け」「い」というキーをたたき、「漢字変換」のキーを左手で押せば、「拝啓」という漢字がすぐに出て来る。もっとも、「背景」という字がまず出て来る機械もあるが、その時は、もう一度「漢字変換」のキーを押せば、今度は「拝啓」という文字がちゃんと出る。であるからわれわれは、その字が書けなくてもいい。読めさえすればそれでいい。そうして三〇〇〇ぐらいの漢字は簡単に打ち出せる。

はじめてワープロが発明された時は、日本にまだ五、六台しかなく、五、六百万円もした。しかし、それは見る間に安くなり、五、六十万円になったかと思うと、現在では三、四万円のものまで出来、しかもその性能は、はじめの五、六百万円のものよりはるかによい。これでは、現在テレビが普及しているように各家庭にワープロが入りこむのは自然であり、要は使い方に慣れること、それさえ出来れば、常用漢字の数は三〇〇〇ぐらいまでふやして大丈夫である。

三　漢字の表意性

漢字の表意性

漢字の第一の重要な性質は、表意性、つまり、ほかの文字と違って、発音を表わすと同時に意味をも表わすということだ。仮名・ローマ字は発音しか表わさない。漢字はそのことから読み手に強い印象を与えるということがある。

たとえば、街を歩いていて、トラックに、硫酸でも積んであるのか、「危」という漢字が書いてあると、ちょっと見ていかにも危険そうな感じがする。これが平仮名で「あぶない」と書いてあったり、ローマ字で“abunai”と書いてあったのでは、それほど危険というような印象を受けない。漢字というものは、そういう特別の効果・力を持っている。

漢字の珍しさと使用人口

われわれ日本人は漢字という文字を日常見ていて馴れているが、欧米人の目にはずいぶん珍しい文字と映るようだ。神秘的な呪文のように思われるそうだ。

これは、いつか『週刊朝日』に出ていたことであるが、欧米人にとっては、「東」という字は、音楽家の用いる譜面台に見えるそうだ。「合」の字は、掲示板の向こうに富士山がそびえている形に見え、「映」(映)という字に至っては、人がストーブにシャベルで石炭か何かを入れている形に見えるそうであるが、これはおもしろい。

欧米人の中には、日本にいても漢字をとても覚えられそうもないとしり込みする人が多いが、中には、漢字がおもしろそうだから日本語を勉強する気になったという人もいる。少なくとも上智大学には、そういう先生が何人かいた。漢字という文字は、今では、世界で日本・中国・韓国の三国、それに台湾・香港・シンガポールしか使っていない。以前は北朝鮮・ヴェトナムでも使っていたが、やめてしまった。

だが、漢字について注意すべきことは、全世界のうちで、漢字を使用する人口がそれほど少なくはないということだ。欧米人は漢字を珍しがるが、和田祐一が『エナージー』(昭54・2)に発表したものが、林大監修『図説日本語』に転載されているが、それでみると、世界の各種の文字を使用する人口の比は、ローマ字の八億に対して、漢字は六億、すなわち4対3だという。ローマ字に近い、ロシア文字とギリシャ文字をローマ字に加算しても、ローマ字は一〇億になるにすぎないというから、漢字はその半分以上を占める。欧米人をまねして漢字を特殊視することは好ましくない。

漢字の第二の性格は、読み方が難しいということである。

読み方の難しさ

二十いくつや五十いくつの文字の読み方を覚えても、ほかの字をどんどん類推することが難しい。たとえば、「病膏肓に入る――なおりにくい状態になる」はヤマイコウコウ……と読むのが正しいと言うが、今はコウモウと読むのが普通になった。「脆弱――もろいこと」はゼイジャクが正しい読み方だが、うっかりするとキジャクと読みたくなる。

外国の言語では、英語やフランス語は読み方が難しいと定評があるが、それにもまして、アイルランド語あたりが有名である。たとえば、

saoghal(世界) ―― sîl　　lawnamhain(夫婦) ―― lânun

とそれぞれ発音するという(ヴァンドリエス『言語学概論』)。たしかに難しいが、それでも綴りと発音が全然無関係ではない。発音が崩れてそうなったのだろうと思われる。そこへ行くと、漢字の「脆」という字は、どこを叩いたらゼイという音が出て来るか、ちょっとわからない。

読めなくてもわかる

どうも、漢字は読み方がわからなくてもいいということがあるらしい。新聞のスポーツ欄に、「捕邪飛」などとあるが、果してどう読むのだろうか。ホジャヒ? キャッチャーファウルフライ? わからない。ただし、意味はよくわかる。

この漢字の性質を有効に使ったものは、新聞の求人広告である。たとえば、

事務経理多少　高卒年32迄・固給15万昇給年1賞与年2隔土休　歴持細面

これは事務員を求めているものだが、経理の多少できる人、高校卒業程度、年は三二歳までの人とまず推定できる。次に「固給15万」とあるのは、固定給一五万円ということであろうか。「隔土休」は隔週の土曜日が休み。その次の「歴持」というのは、履歴書持参という意味にちがいない。「細面」というのは、べつに細おもての人という意味ではないようで、委細面談という意味と解される。これだけの意味をこんなに簡単に書けるということは漢字なればこそで、仮名やローマ字ではとても書けるものではない。

いつかアパートの広告に「子無限」とあったが、これは子どもはいくらいてもいいというのではなくて、「子無きに限る」の意と推定される。

漢字の有難み

鈴木孝夫は、英語と日本語の多音節語についての、透明・不透明ということを発表している(『言語』昭53・2)。彼は英語の次のような語を四五ばかりあげ、そうして日本語の訳語と対比している。

1　claustrophobia
2　podiatrics
3　otorhinology
4　cephalothorax
5　graminivorous

1　閉所恐怖症
2　足病学
3　耳鼻科
4　頭胸部
5　草食性

鈴木によると、英語の方はある程度の古典語の教育をもつ者にのみ理解されたという。一方、日本語の方は、まず中学生ぐらいだったら、その漢字の意味から推察できそうだ。向こうの中学生が向こうの専門分野の本を開いたら、さぞわからない言葉だらけだろう。漢字の有難みを知るべきである。

筆者はこのようなことを考えると、北朝鮮とヴェトナムが漢字をやめたことを、はたしてよかったのだろうかと思う。たとえばヴェトナムの人名・地名は漢語で出来ている。

ゴーディンディエム――呉延琰　　ホーチミン――胡志明

ハノイ――河内　　ヴェトナム――越南

一般の単語もそういうものが多い。もし、漢字で書いてあったら意味がはっきりわかるものが、わからなくなっているものが多いことだろう。北朝鮮の方はよく知らないが、ヴェトナム以上に漢語伝来の単語が多いこと、確実である。

漢字のそういう性質から、漢字を組合わせると新語がいくらでもできることは、上巻(七九ページ)に述べた。

言語・時代を超えて

次に、漢字が意味を表わす文字ということから、書かれたものは、方言・国語を超えて理解が可能だという大きな働きがある。

たとえば、中国では方言の違いが地域によって大変激しい。そのために耳で聞いたのでは遠い地方の人はお互いに言葉が通じないそうであるが、漢字で書いてあれば、発音がわからなくてもお互いに意思が通じ合うそうだ。これはいかにもそうだろうということは、日本人でも、中国の新聞を見て、見出しぐらいは大体意味がわかることからもうかがわれる。

韓国でも漢字を使う。韓国にも日本にそっくりの週刊誌があるが、その目次にたとえば「広島原爆의秘話」とあれば、의というハングル文字は「の」にあたる文字だろうとそのまま理解がいく。これも漢字の力によるものである。

漢字はさらに、時代のへだたりも超えて理解可能ならしめる。

国破山河在
城春草木深

これは唐の中期の詩人・杜甫の詩で、今から千何百年前のものであるが、第一行は、国は滅びたが、大自然はそのまま生き残っている。第二行は、崩れた城下には人影もないが、ちょうどいま春で、草木だけが青々と茂っている。――そういう様子を味わうことができる。これは漢字なればこそわかるのであり、これもやはり表意文字の偉大さである。

漢字の神秘性

こういったような漢字の表意性ということは、さらに進むと、漢字は芸術的な文字であるということになり、さらに神秘的な文字である、という印象を与える。日本には姓名判断というものがあって、自分の名前の字画がよくないといったようなことから、気にして字を改めたりするが、これなども漢字に神秘性が感じられて、その形が自分の運命を支配するものであるような気がするところからくるものにちがいない。

それから一般に日本人はちがった読み方をされても文句は言わないが、漢字で書かれた名前をちがった字で書かれるといやがる人が多い。菊池寛(ひろし)は、キクチカンと呼ばれることは意に介しなかったが、「池」を「地」と書かれると、その人を無学だとののしった。

日本人は漢字を輸入してから、仮名という日本語にあう文字を発明したが、それでも漢字を「本字」と呼び、これを正式の文字と考えた。出来たら漢字ばかりで書こうと考える場合さえあった。たとえば上巻(四〇ページ)に挙げた欠勤届はその例である。

四　漢字の多数性と多画性

1　漢字の多数性

以上述べたことは漢字の表意性から直接導かれる性質であるが、今度は、間接に生まれる重要な性質を述べる。

珍しい字

まず第一は漢字の多数性ということ。つまり漢字は一つ一つが別々の意味を持っているから、発音が同じでも意味が違えば違った字が必要であり、そこで漢字の数は非常に多くなる。諸橋轍次の『大漢和辞典』には約五万の漢字が載っている。文部省の常用漢字はギリギリの線まで減らしたはずであるが、それでも一九四五字あり、仮名に比べると四〇倍、ローマ字二六字に比べると八〇倍近い。

このことから、たとえば、漢字の中にはめったに使われない字が出てくる。埼玉県の「埼」というような漢字は、他にはめったに使われていない。千葉県の「犬吠埼（いぬぼうさき）」ぐらいではなかろうか。大正から昭和にかけて、童謡・唱歌を数多く作詞した人に「葛原しげる」という人がいたが、この人の名前の「しげる」を漢字で書くと、草冠に幽という字の真中のｌを消した「茲」という字であった。これなど、ちょっと他に用例を見たことがない。

形の似た字がある

それから、漢字はたくさんあるということから、どうしても似た漢字も出てくる、ということが起こる。たとえば、「楊柳」の「楊」と「抑揚」の「揚」——木偏と手偏——などはおそらく欧米人が見たら、どこが違うかちょっとわからないと思われる。中国の大昔、夏の王朝の最後の王、桀の悪妻であった后はマッキと言ったが、マツの字は女偏に「末」を書き、イモウトという字と似ていたが、少しちがっていた。

しかし、最もよく似た字は、「甲冑」の「冑」と、「華冑」の「冑」だ。発音も同じチュウであるが、漢和辞典で見ると別の字だそうだ。「甲冑」の「冑」はテッカブトの意味で、「冂」の部首にあり、「華冑」の「冑」は血筋という意味で、「肉」の部首にあり、下の「月」の部分がちがうと説明はしてあるが、筆者の手元の漢和辞典には両方まったく同じ字が書いてある。

文字の新作

漢字がたくさんあり、中には滅多に使われない字があるところから、そういう気になるのか、漢字を新しくつくる人がいる。たとえば、作曲家山田耕作は晩年頭髪を失って以来、「作」の字に竹冠をつけて使っていたが、あれは創作だったのだろうか。

筆者は、太平洋戦争の末期、盛んにアメリカによる空襲が日本をおびやかしていた頃、中央線の駅の構内に、

　　米英撃滅！

とデカデカと書いた落書きを見て、吹き出しそうになった。これは、アメリカ人・イギリス人を憎み、人間ではなくて獣だということを表わしたものであるが、このようなことは漢字なればこそできるので、ローマ字を使っている国民にはまねのできないことであろう。

難しい書き分け

漢字がたくさんあることから、どうしても間違えて書くことも多く、書き分けに心をつかう。よく書取りというのがあって、大学の入学試験にまで出るけれども、なかなか難しい。「専モン」のモンという字など、うっかりすると「専問」と書いてしまう。「細君」というのは、つい「妻君」と書きたくなるが、細君が正しい。しかし、夏目漱石の『吾輩は猫である』などを読むと、両方かわるがわる使っている。

漢字の難しさは固有名詞においてきわまる。京都では、同じカモという地名を「上賀茂」「下鴨」と漢字を使い分ける。東京では、川の名の「多摩川」のマは下に「手」を書き、郡の名も「西多摩」であるが、「多磨墓地」の時は「石」を書き、北原白秋の短歌雑誌『多磨』もその字を書いた。ところが、多摩川から江戸の町へ引いて来た上水は「玉川上水」で、町田市にある学校も「玉川学園」である。

2　漢字の多画性

もう一つ、これは漢字の多数性ということから当然くる結果であるが、どうしても画が多い字が出来てしまう。そこから生まれる「漢字の多画性」という問題がある。

ドイツの学生たちの驚き

ローマ字などはひと筆で書けるような文字がいくつもあるが、漢字になるとそうはいかない。われわれは子どもの時から見なれているが、漢字をはじめて見る外国人にはずいぶん難しい字に見えるらしい。

東京教育大の言語学者だった熊沢龍が、若い頃ベルリン大学へ留学した時に、休み時間に日本から送って来た新聞を読んでいた。ドイツ人の学生一同不思議そうに見守っていたが、そのうちの一人が進み出て、「おまえは、その新聞が読めるようだが、その字を書くことはできまい」と言ったそうだ。熊沢は、「いや、このぐらいの字はどれでもそらで書いてみせる」と言ったところが、「これを書いてみろ」と指定されたのが「藝」という字だった。そこで熊沢は苦もなく、その字を黒板に書いてみせたところ、学友たち、新聞と黒板の字と見比べ、五分ぐらい検討した。そうして、それが寸分ちがわないことを知るや、目を丸くして、「この男はこんな難しい字をそらで書いたぞ」と言ったそうだ。

「穿サクする」のサク(鑿)、「飯盒炊サン」のサン(爨)、「雑ノウ」のノウ(嚢)など、画数が多くて、ちょっと簡単には書けない文字があった。クシャミ(嚔)、ミソナワス(臠)などという字も難しかった。親鸞上人の「鸞」という字も画の多い字で、楷書でサインしろと言われたら、上人もこの名前がいやになったかもしれない。

種々の字体

さて、漢字はその多画性からくる書きにくさを防ぐために、どうしても草書体が生まれたり、略字体が出来たりする。中国に簡体字があり日本に新字体があるが、どうしてもそういうものが必要になる。もっとも、略字体は一種ではなく、草書体にもいろいろの形のものがあるので、一つの字のもとにたくさんの形のちがった字があることになり、覚えるのはめんどうだ。今の通用の字が古い時代の字体の略字体の場合、その古い時代の字体そのものも時に使われ、さらにちがう形に変化した略字体もあるので、実際に目に触れる文字の数はずいぶん多くなって、これが大変だ。

将棋の駒の「銀将」「桂馬」「香車」「歩兵」の裏面には、それぞれちがった形の字が書いてあるが、それぞれ「金」の略字体や草書体だ。「様」という文字には、「様」「様」「様」……などいろいろあり、昔は「様」は最も尊敬すべき人に使い、「様」はその次の位の人に使い、「様」は普通の人に対して使う、そうして、目下の人には「さま」と平仮名で書くというしきたりがあったものだ。今、風呂敷の模様などに「寿」という文字をたくさん並べたものがある。「壽」という以前の文字からはじめて、よく見ると、ちがった字体のものが五〇種ぐらい並んでいるが、壮観だ。それにしてもよくこれだけあるものと驚かざるをえない。

草書体

草書体というのは、たとえば「楽」(樂)という字は、上のこみいったところが点一つになってしまい、「ぶ」となるからずいぶん思い切った略し方である。草書体は、便利なもので、人偏(亻)も、行人偏(彳)も、二水(冫)も、時には三水(氵)もサッとタテの棒一本ですむから、書くのはやさしいが、しかし読む側はそれだけ大変だった。

中には、自己流に崩して読みにくい字を書く人もあるので、そこで漢字では書き順ということが昔からやかましかった。「飛」とか、やさしい字画の「必」という字など、あるいは「右」と「左」ではナの部分がちがうなど、教えられなければわからない書き順があって、戦前は小学校の習字の時間にやかましく指導を受けたものである。

略字体・簡体字

次に、略字体は、あまりに画の多い字は煩わしいところから生まれたもので、戦後の日本ではその略字の方を正式な字に格上げしたものがある。いわゆる〈新字体〉がそれで、「體」→「体」、「灣」→「湾」、「臺」→「台」など、いずれもその例だ。

このような略字体は、もともと正式でない場合に用いられたので、何か品位に欠ける感じを与え、すんなりとは受け入れられなかった。今でも、自分の姓名だけは旧字体でという人があるのは無理もない。

古い時代には「春」という字は草冠に「屯」という字を書き、その下に「日」を書いた「萅」だったそうであり、「秋」などは禾偏に「亀」という字の旧字体を書く「龝」というこみいった字だったという。これが今のような字になった。思えば便利になったものだ。おそらく何年かたてば、今の新字体は簡単でありがたい、とすべての人が思うようになるだろう。

中国の簡体字も、思い切って略した字を作ったものであるが、日本とかなりちがう方向に行ってしまった例が多いのは残念である。しかし、略し方はなかなか面白い。「滅」は「火」の上に「一」をつけただけの字にする。たしかに、火の上に蓋をすれば火は滅びる理屈である。「影響」はよく使う言葉だが、このキョウという字は、日本の漢字では画が混んで書きにくい。簡体字では口偏に「向」という字を書いてすませるが、これなどできたら日本でも取り入れるといい。

五　漢字の非日本性

元来、漢字というものは中国の文字であるから、中国語を表わすにはごく自然である。日本でも、いわゆる漢語と呼ばれる単語は、もともと中国から渡ってきた単語であるから、漢字で書けばぴったりである。たとえば「愛」「挨拶」「哀願」「悪夢」……といったものがそれだ。

漢字の読み分け

もっとも、日本に入ってきた中国語は、時代により違いがある。その入ってきた時代に応じて日本ではちがう読み方をするので、難しいことになる。たとえば「行」という一字は、「修行」というときはギョウと読み、これは〈呉音〉と言って、中国・揚子江河口地方の中国語の発音が百済（くだら）を通して日本に入って来たものだ。「旅行」というときはコウと読み、これは〈漢音〉と呼び、唐の時代に都の長安地方の中国語の発音が入って来たものだ。「行灯」ではアンと読むが、これは〈唐宋音〉と呼び、杭州を中心とする地方の中国音が入って来たものである。

「修行」という単語は一番古く、飛鳥時代以前に日本に入ってきた言葉で、それに比べると、「旅行」というのは奈良朝以後、「行灯」というのは鎌倉時代以後入ってきたものだ。日本人はそれを一つずつ違えて読むところから、日本には漢字の読み分けということが起こった。

ときには、同じ単語にもそのようなことが起こって、上巻(三〇ページ)で述べたように、「再建」という字はサイケンとも読み、サイコンとも読む。「人間」はニンゲンは呉音読み、漢音でジンカンと読むと人間社会の意味だそうで、「人間到ルトコロ青山アリ」はジンカンと読むのが正しいという。中には日本に入ってから変わったのもあって、「大夫」と書きながら、「修理大夫」とあればダイブと読み、「無官大夫」の時はタイフと仮名を振ってタユウと読む、といったようなことがあり、これは国文学専攻の学生を悩ました話題だった。

訓読みの特殊性

ところが、このあたりはまだ序の口で、もっと難しい問題がある。日本では、漢字を中国語式に読むほかに、日本語式に読むことだ。これは、日本人が古くから日本語を単語の意味を表わす漢字で表記したことから起こるもので、そのために、たとえば「間」という字は、ケンとかカンとか読むのは中国式だが、アイダともマとも読む。相手(アイテ)、合間(アイマ)、逢(ア)う……。こういう言葉は全部、日本語という外国語で漢字を読んでいるのだ。〈訓読み〉というのがそれだ。こういったことは、世界で日本だけの現象で、韓国ではやはり漢字を使うが、漢字はもっぱら中国から来た漢語の表記に使い、固有の朝鮮語を漢字で書き表わすことはない。

日本では「春風」と書いてハルカゼともシュンプウとも読むが、韓国では「チュンフォン」と読んで、これは中国から韓国へ入った読み方だ。「春」という字は、日本でシュンとも読む

が、「ハル」という日本語でも読む。韓国ではハルのことを「ポム」と言うが、봄という韓国の字で書く。「春」と書いてポムと読むことは、韓国には絶えてないことだ。

この、ハル haru、シュン shun の間には全然共通点がない。このようなことは現在、日本以外にはどこにもない、大変珍しいことである。もっとも今の世界にはほかにないが、歴史をさかのぼってみると、紀元前にはあったという。小アジアで紀元前の昔、シュメル人というすぐれた文化を誇った民族があって、楔形文字という文字を使っていた。その文字をアッカド帝国というところで借りて自分の国語の表記に使ったのがその例である。

紀元前のアッカド語

その場合に図のように、上の文字はシュメル語で「アン」と言って、「神」という意味だったそうであるが、アッカドでは神のことを「イル」と言っていたので、この一つの同じ文字を、アンとも読んだし、イルとも読んだりした。アンは日本にあてはめれば〈音読み〉、イルは〈訓読み〉である。

下の文字はもともとシュメル語で「クル」といって「山」という意味の文字だったが、「馬」をもクルと言ったので、その意味にも使っていた。ところが、アッカド語では「山」を「シャドウ」と言い、「馬」を「シス」という。そこで、アッカド語では、この一つの文字を、クル、

	意味	シュメル語	アッカド語
	神	an	ilû
	山	kur	syad'u
	馬	kur	s'isû

シャドウ、シスと三様に読んだそうだ。これは、日下部文夫・佐伯功介の書いたものによって述べたが、つまり、日本で漢字を音読み・訓読みするのとまったく同じものである。こういったことは、このアッカド語にあったということ以外に筆者は知らない。

しいて今の世界から類例を探すならば、渡部昇一は、英文の中に e.g. とあると、イージーとも読むが、for example とか for instance とか読み変え、i.e. と出てくると、that is と読み変えるのがあるという。これは一種の訓読みだ。しかし、これはきわめて特殊な場合にそういうことが起こるということで、日本で新聞を読んでも、手紙を読んでも、訓読みの例にぶつかり、これが正書法の一部になっているのとは、はなはだしくちがう。

とにかくこのような、漢字を日本語で読むといったことから、たとえば「私」という字はワタクシと読み、四拍である。一つの字を四拍で読むなどということは、世界のどの言語にもない。「志」―ココロザシは五拍、「粍」―センチメートルに至っては七拍の読み方とは。

読み方の多い漢字

漢字はもともと中国語を表わす文字で、日本語に合うようには出来ていないので、漢字で日本語を表わす際に、どうしても無理が起きる。たとえば、同じ「苦」という漢字を、日本語ではクルシイと読んだり、ニガイと読んだりする。「重」という漢字は、オモイとも読み、カサネルとも読む。これは、中国語ではクとかチョンとか一つの単語で表わされるものが、日本語では二つの別々の言葉で表わされることからくるものだ。

その極端な例は「上」とか「下」とかいう字で、この字の訓読みは実に多い。「上」はウエ、アガル、アゲル、ノボル、カミというように読む。「下」の方はさらに多く、シタ、シモ、モト、サガル、サゲル、クダル、クダサル、オリルという読み方をする。これは、結局、日本語の方が中国語よりも、こういう漢字に関しては意味が詳しいということができる。

こういうことから「頭」をアタマと読むか、カシラと読むか、「来る」をクルと読むか、キタルと読むか、頭を悩ませるのは始終である。「先方で見合したい」と書いてあると、「ミアイしたい」と読むのか「ミアワしたい」と言っているのか、正反対の意味にとれる。

同じ読み方をする漢字

そうかと思うと、逆に二つ以上の漢字が日本語では同じ読み方になるものもある。主な例として、「オサメル」――「国を治める」「身を修める」「税金を納める」「刀を鞘に収める」。日本語ではオサメルという同じ音の言葉であるが、中国語ではいちいち違う単語であるところから漢字の方が多くなる。同じ「金品をおさめる」でも、金品が先方に入る時は「納める」で、金品が当方に入る時は「収める」となるから難しい。

「箱をあける」でも、蓋をとる場合は「開ける」と書き、カラッポにする場合には「空ける」と書く。犬を車にのせる場合、ペットの犬を人間扱いにして子供と同じようにのせるのは「乗せる」と書き、犬をオリに入れて荷物扱いにして、他の荷物と同じようにのせるのは「載せる」と書く(武部良明『日本語表記法の課題』)。

中国と日本

こういう例を見ていくと、漢字は、日本とはいろいろな点でちがう中国で出来た文字だとつくづく感じる。中国は牧畜の盛んな国である。そのために、馬偏の字、牛偏の字のほかに、羊偏の字もある。「豕」という部首もあって、たくさんの文字が並んでいる。牧畜があまり行われなかった日本では、これらは一つの家畜偏とでもいう部首があれば、それですんでしまいそうだ。「革」と「韋」の部首の別、これも日本ではいらなそうだ。

その代わり、もし、日本で漢字を発明したとしたら、まず「海偏」を作り、オキとかナダなどたくさんの文字を作ったであろう。今の貨幣を表わす「貝偏」ではなく、生きた貝を表わす「貝偏」を用いてニシ(螺)とかニナ(蜷)とかを表わす字を作ったであろう。それから触偏とでもいうものを作って、ザラザラ・ツルツル・チャリチャリ……というような言葉のための漢字を発明したのではなかろうか。

漢字の読みの複雑さ

一つの漢字を、中国式に音読みし、日本式に訓読みすることから、難しい読み方がいろいろ行われる。たとえば、「青物市場」はアオモノイチバと読むが、一字だけ字が違う「青果市場」は、セイカシジョウと読む。「大鼓」と「太鼓」とは点一つのちがいで、前者はオオツヅミ、後者はタイコとまったく違った読み方をする。「小豆」は普通アズキと読むが、商品市場に限りショーズと読むのはめんどうな話であり、瀬戸内海の島の名はショードシマだというのも難しい。ときには洋語で読むこともあるから、一層こ王を車飛――ヒウュチでみ読音のャシビカナばらな人す指を棋将、は「飛中」、ていってっ入みの上へ持ってくる戦法を言うが、野球のファンならばこれはセンターフライと読むであろう。

万葉仮名

以上は、日本語の単語に相当する単語が中国語にある場合で、この場合にはその漢字を書けばいいわけであるが、日本語にあっても中国語にそれにあたる単語がない場合もある。そういう場合に書くべき漢字がない。この場合どうしているか。

第一にしたことは、漢字固有の意味を考えず、その音だけを借りて日本語を表わした場合がある。〈万葉仮名〉と言われるもので、山のフジを「富士」と書き、イヅの国を「伊豆」と書いたのがそれで、フジ山に別に金持の武士がいたわけではない。

この種のものには稀に意味も考慮して字をあてたものもあり、「囲爐裏（いろり）」などは苦心の作ではある。「歌舞伎」ももとは「傾き」から来たものであるから、よい字をあてようとしたものだった。「大喜利」も本来は「大切り」と書くところだった。このやり方は洋語にも及び、「倶楽部（くらぶ）」「型録（かたろぐ）」などの例がある。

熟字訓

適当な漢字がない場合に苦心した方法としてその第二に考えたのは、〈熟字訓〉と言われるものである。「五月雨」と書いてサミダレと読んだり、「時雨」と書いてシグレと読んだりする例がそれだ。「紅葉」がモミジであり、「土産」がミヤゲである。なぜこういうことが起こるかと言うと、シグレにあたる中国語がないので、意味を考えて、ときどき降る雨だからというわけで「時雨」と書いてシグレと読むことにしたのである。あるいは、旧暦五月に降る雨だというわけで「五月雨」と書いてサミダレと読む。別に「時」をシグと読んだり「雨」がレと読まれるというものではない。

熟字訓の中にはずいぶん難解なのがある。上巻(二六八ページ)にあげた「四月朔日」「月見里」などの姓はその例である。「四月朔日」は旧暦四月一日になると綿入れを脱ぐところからワタヌキ、「月見里」は山がなければ月がよく見える里ということでヤマナシと読む。ついでに、「栗花落」と書いて、梅雨に入ると栗の花が散るという意味でツイリと読むのもある。

借訓と国字

第三の方法は、ほかの意味を持った漢字を強引にその意味に使ってしまうという行き方である。たとえば「サク」という日本語に対して今「咲」という字を書くが、「咲」という漢字はもとは、中国ではワラウという意味をもつ。ところが、日本語では「サク」という言葉が重要な言葉であって、花が開く意味のサクにあてる字が欲しくてたまらないので、そういう無理をしたのである。「稼ぐ」も、日本人は働く虫であるから、大切な言葉で、何か漢字が欲しい。「稼」という字は、もとは「実のついた稲」という意味だそうであるが、それを強引にカセグという意味に使ったものだ。「柏」とか「鮎」とかも元来はほかの植物、ほかの魚を表わす字だそうであるが、日本人は「カシワ」「アユ」の代わりに使っている。このようなやり方を〈借訓〉と言っている。

第四には、〈国字〉といって、日本で新しく漢字まがいの字をつくったのがある。「サカキ」という漢字がないので、サカキは神前に供える木だというわけで「榊」と書く。「シキミ」の方は仏に捧げる木ということから「梻」と書く。「トウゲ」というのは山を上がったり下りたりするところだというわけで「峠」と書くのはその例だ。平安朝初期の『新撰字鏡』にはすでに四〇〇字載っているというから、ずいぶん早くからあったのだ。

読み方のクイズへ

このように漢字の読み方が複雑になると、同じ字面が多数の読み方をもつものも出来、「上手」はウワテ・カミテ・ジョウズと読み、「下手」はシタデ・シモテ・ヘタ・ゲシュ(手をくだすこと)と読む。ある劇場の楽屋へ行ったら、廊下の扉に「上手入口」「下手入口」と書いてあり、俳優を技量で分けるのかと思ったら、カミテへの入口、シモテへの入り口だった。横綱の力士、ホクトウミ(北勝海)などは、どう考えても常識では読めるはずがない字面で、ああいう新作はやめた方がいい。

また、日本で漢字は、いろいろな読み方を強いられるところから、昔からクイズがたくさん出来た。「閑日月」はカガミと読む。「閑」は長閑(のどか)のカ、「日」は春日(かすが)のガ、「月」は五月雨(さみだれ)のミなのだそうだ。「日日日」は相撲取りの名前として読んでくれという。昔、「常陸山」という名の相撲取りがいた。最初はヒ、その次は一日(ついたち)のタチ、最後は日本(やまと)のヤマだ。新しいところでは、「網走逃亡」と書いて、アラン・ドロンと読ませるというのがあった。

こういったことから、また日本にはこれも世界に類のない書き方の習慣が生じた。難しい読み方をする漢字のわきに仮名をつけて、その読み方を示すやり方で、振り仮名とかルビとか言われるものがそれだ。戦前の新聞や雑誌などは一、二、三のような数字を除いては振り仮名をつけるのが原則であったから、戦前の各位にも親しいものであろう。昔はアッカド人の間にあったようであるが、現在は外国には類例がない。

振り仮名の問題

ときには、詩や歌などで、仮名や普通の漢字で書いたのでは、誤解されるとか、イメージが湧かないとかいう理由のもとに、普通は使わない漢字をあて、それでは正しく読めないだろうという配慮のもとに振り仮名をすることも盛んだった。

日野草城の新婚の句、

けふよりの妻(め)と来て泊(は)つる宵の春

には「妻」に「め」、「泊」に「は」とついているが、つけなければたしかに読めない。もっとも、この句はのちに「けふよりの妻と泊るや……」と改めたと聞く。

歌謡曲の歌詞などには、「青春」と書いて「はる」と振り仮名したり、「生命」と書いて「いのち」と振り仮名したり、「戦友」と書いて「とも」と振り仮名したり……、といった例がたくさんあった。

戦後、山本有三たちの発案で、振り仮名は原則として廃止され、その代わり難しい読み方をする漢字は使わないことになった。それでも今でも難しい漢字を使わざるを得ないようなときには、振り仮名が使われている。

送り仮名の存在

日本語を漢字で書くということから起こる困難には、もう一つ、中国語の動詞・形容詞は語形変化をしないが、日本語の動詞・形容詞は変化をするために、漢字だけでは表わせないということがある。たとえば「来る」にあたる中国語は「ライ」という形だけであるが、日本語では「来る」という動詞はクルとかコナイとかキタとか語形変化をする。

そこでそういう変化を表わすために、日本人は一部を漢字で、一部を仮名で表わすという便法を編み出した。いわゆる〈送り仮名〉である。これも、昔のアッカド語には似たものがあったというが、現在では世界に類のない規則である。

しかし、これは難しいことで、一体、どこから仮名書きにすべきか。活用語尾は送るといちおう考えるが、「上がる」という動詞はアガラナイ、アガリマスと「アガ」のところが変わらないから「上」でアガを表わしたくなるが、「上げる」という動詞を考えると、アガルのガも仮名で書いた方がいいような気もしてくる。

この送り仮名が文部省の国語審議会できめられたのは昭和三四年で、この年内閣告示があった。それまでの学校の教科書でもそれほど厳重なきまりはなく、ことに江戸時代ごろは、今のようには送り仮名を使わなかったために、その頃のものはなかなか読みにくいことがある。芭蕉の俳句「風吹ぬ秋の日瓶に酒なき日」の「吹ぬ」はどう読むのか。同じ芭蕉の「塚も動け我泣声は秋の風」は「わが泣き声」ではおかしいので「わが泣く声は秋の風」と読んでいるが、はじめの俳句は「風吹かぬ」がいいのか「風吹きぬ」がいいのか。頴原退蔵(えばら)は「風吹かぬ」と読んだ。しかし、幸田露伴は「風吹きぬ」と読んだ。どちらがいいか難しい問題である。

送り仮名はどうするか

戦後の文部省の方針は、送り仮名は読み誤りを避けるためになるべくたくさん送ろうという趣旨だった。「オコナッテ」を「行って」と書くと、イッテと読まれそうだというわけで「行なって」と書くことにかつてきめたことがあるが、ここでも活用語尾だけを仮名で書くという原則は崩れていた。また、「トリシマル」などというのは「取り締まる」と書くことになっていたが、そうすると「トリシマリ」というのは「取り締まり」と書かなければいけないことになる。会社のトリシマリのような場合は、このように平仮名をどんどん書くと、それこそ締まらないというような発言が審議会で出て、漢字だけ二つ並べて書くのが普通になっている。

そんなことから、送り仮名は戦前のように自由にした方がいい、政府がきめるのはけしからんという意見も出ているが、きまりがない方がいいというのは無茶であろう。なるべく規則が簡単で、多くの人がよいと思うような送り仮名法が出来たらいいと思う。

六　縦書きと横書き

日本語の表記法の性格として、日本語の文字の使い分けが非常に複雑であることを述べたが、最後に文字の並べ方がまた日本語では複雑だということを述べたい。

並べ方の種類

世界各国語の文字の並べ方は種々あるが、だいたい五種類というのが定説である。一つ一つについて述べると、まず右縦書き――これのもとは中国で、中国の昔の本は『論語』も『史記』もすべてこの書式で書かれていた。中国から影響を受けた韓国も、右縦書きが標準であった。日本で書かれる本が原則として右縦書きだということはご承知の通りである。

次に左縦書き。その代表的なものはモンゴル文字だ。これは元王朝のころ使われた文字で、今では中国の一部になっている内蒙古自治区で昔ながらのこの文字を使っていて、左から右へ縦に読んでいく。左の行の字が一段下げて書いてあるのは、始まりを表わす。

古代エジプトの文字は絵のような文字であるが、これは縦書きが正式で、この場合、右縦書きも左縦書きも両方使う。もし鳥が左を向いていれば、左縦書きであることを知らせ、もし鳥が右を向いていると、そこは右縦書きであることになる。

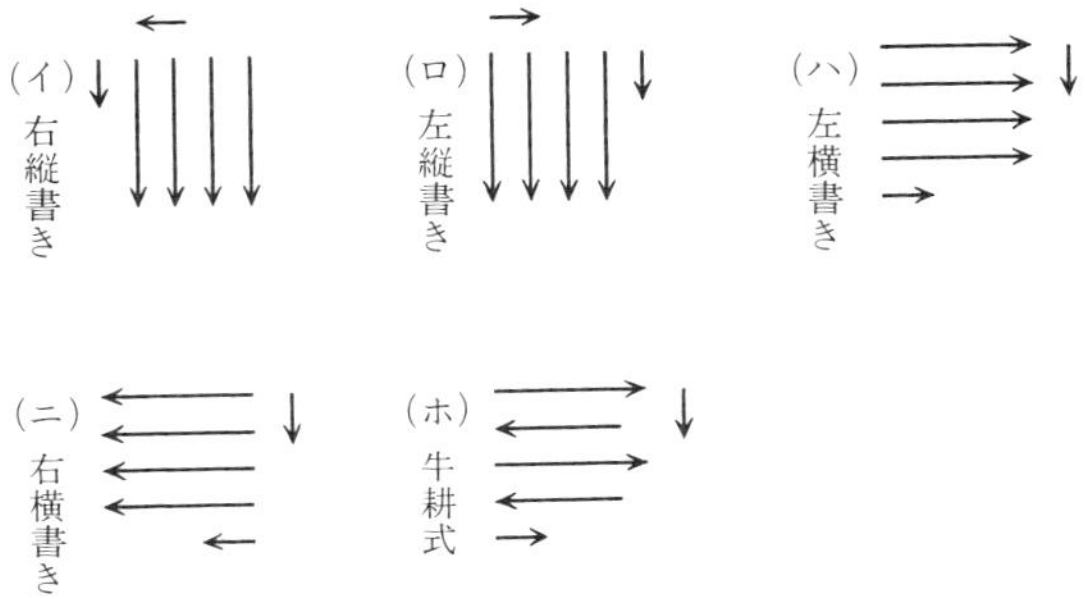

世界の文字の配列の種類

日本の文字は中国の漢字から来たものであるが、中国の漢字は横の線は左から右に書く。であるから、もし縦書きにするならば、左から順々に書いていった方が合理的である。では、なぜ漢字を右書きにしたのだろう。これは岡本千万太郎が、その謎を解いた。彼は、これは中国の昔の本の性質から来るもので、昔の本は巻き物であったから、書くときには、人間は右の手の方が利いているから、どうしても左手で本を巻いたりほどいたりしなければいけない。この巻き物に書いたことから右縦書きが始まった、という説である。だから、今のように本が巻き物でなくなった以上は、たしかに左から書いてもいいはずだということになる。

右縦書きと左縦書き

もっとも、左縦書きには一つ不便なことがある。それは、英文の引用など、ローマ字の文章がとちゅうで入る場合だ。それが二行以上にわたると、その部分だけは、いわば下の行から上の行へ進むことになってしまう。だから、というわけでもなかろうが、今のところ日本の本の右縦書きは、ちょっと変わりそうにない。
ところで中国では、横書きが一般的になるにつれて、横書きが左横書きであるので、縦書きも新聞などに時に左縦書きのものが見られるようになった。

横書き

次に横書きの問題に入る。代表的なのは左横書きで、これが普通の書き方である。ローマ字は左横書きで書くし、ギリシャの文字も、それから出たロシア文字もそうだ。インドの文字も左横書きで、それから出たビルマ文字・タイ文字など、すべて左横書きだ。であるから、ヨーロッパの人は左横書きが標準的な書き方だと思っている。

たしかに、日本の文字でも中国の文字でも、もし横に書く場合には左横書きが便利である。さっき述べたように、漢字の横の線が左から右に進むからそれが合理的で、実際に中国の新聞などでも、横書きは左から右に進んでいる。中国だけでなくて韓国でもやはりそうだ。

もっとも、ここで日本の文字は――中国・韓国の文字もそうであるが、縦書きと横書きと両方できるということがある。これは面白いことだ。ローマ字はこうはいかない。ローマ字を縦書きにした例もないではないが、これはあまり体裁よくいかない。ラスベガスあたりではアドバルーンの下に縦書きにローマ字が書かれているが、どうも読みにくいし、ぱっとしない。

ローマ字は縦書きができないので、不便なことがある。たとえば向こうの本の背中にその本の題を書くようなときに、上下の関係を変えないようにすると、縦書きができないばかりに、はっきりと文字が読みとれないような小さな字で書かざるを得ない。筆者に言わせると、ローマ字というものも、やはり縦書きの工夫をした方がいいのではないか。

日本の文字は縦書き・横書きの両方ができるのはなぜかというと、結局、一つ一つの文字が四角いからだ。自称ユダヤ人、イザヤ・ベンダサンは、それが日本の文字の最大の長所だと言っている。最大かどうかわからないが、長所だとは思う。

次に同じ横書きでも、右横書き。その代表的なものがアラビアの文字である。これは右の上が最初で、順々に左へ進んでゆく。

右横書き・左横書きの混用

ところで、この右横書きというものは、元来日本では珍しいものではなく、昭和の初めの頃は、街の看板などはこのように右横書きが普通であった。

こういったことは、かなり最近まであったものだが、今はどういうところに残っているか。ときどき街角で、自動車の横っ腹に右から書いてあるのを見る。進行方向に向かって車体の左側ならば左から「東京消防庁」と書くが、これが右側は右横書きだ。日本ではこのような場合に右横書き、左横書きの両方あることになる。

戦争前は駅の名前や店の看板などが、右横書き・左横書きの両方あったから、われわれはどっちから読むべきか判断してから読んだものである。今、台湾へ行くと、町の看板は左横書きのものと右横書きのものと同じぐらいあり、戦前の日本を思い出させる。

そのころ駅の名は、鉄道大臣が変わるとその主義によって、右から書くようになったり左から書くようになったりして、ひと晩のうちに全国の駅の名前の書き方が変わってびっくりしたものだった。そういったときには、東京鉄道局では、全部の駅長を呼んで、あしたから今度は○○氏が大臣になるから、左横書きにしろとか、右横書きにしろとかいうので、駅長はみんな真剣な顔で聞いていた。たった一人のんきそうに居眠りしながら聞いている人がいて、誰かと思ったら、山手線の「たばた」の駅長だったという笑い話があったものである。つまり日本にはかなり長いこと、左横書き・右横書き両用の時代があったということである。

これについて、筆者は一つだけ申し述べたいことがある。それは、

(1)　改訂国語辞典
(2)　訂改国語辞典

といった辞書に、上に小さい文字で角書（つのがき）というものをつける。これはいったい(1)と(2)とどっちがいいかという問題である。

一行一字の縦書き

いまは、横書きは左から書くというわけで、(1)のように書くのが正式になっている。(2)のようなのはいけないことになっているが、筆者は、これは(2)の方がいいと思う。いけないというのはこれを横書きと見るからで、これを縦書きとみたらどうか。ただし、縦書きでも、一行に二字も三字もあるのではなく、一行が一字で、「改」という字を書いたらもう下に「訂」を書

くところがなくなって左に書いたのだ、というふうにみれば、筆者は(2)のように書いていいと思う。このようにした方が、たとえば「改訂国語辞典……」のように、あとに文章が続くような場合に矛盾しないと思う。次の行は左に行くから。

それから和室の欄間などにかける額に、「春風秋雨」といった文字を横書きにし、最後に縦書きで小さく「何々君に贈る」というような文字を添えて書くことがある。この横書きも、右横書きで正しいはずだ。というのは、これも一字縦書きと見られるからで、そうでなければ、あとの小さな縦書きを書く場所にこまる。

以上、文部省にもといた三宅武郎という人の意見であるが、卓見だと思う。

牛耕式

最後の牛耕式について述べる。このような書き方はたいへん少ないが、昔、小アジアにヒッタイトという国があって、この民族はインド人・イラン人などと同族だったそうであるが、紀元前の古い民族である。そこでの書き方として有名である。

これは、いったい左右のどっちが先かちょっとわかりにくいかも知れないが、最初の行は左から右へ進み、その次の行は右から左へ進むのだ。どうしてそれがわかるかと言うと、たとえば、動物などが左を向いたり、右を向いたりしている。一行おきにその向きがちがっている。これによって、ヒッタイトの象形文字は牛耕式に進むのだということがわかるということになっている。

さて、以上五式が標準的な文字の書き方であるが、矢島文夫の『文字学の楽しみ』では、そのほかの変則的な書き方をした例を見つけたという報告をしている。それは、トルコの文字に関するもので、下の方から順々に書くのがあるそうだ。これは大変珍しい。

変則的な書き方

と言っても、ある場合にはそういった――つまり、逆の方に書いてゆく行き方が、現代でも行われる。筆者はドイツ人が、125と書くのを、1を書き、5を書いて、後で2を書くのを見た。これは、ドイツ語では ein hundert fünf und zwanzig というから、たしかにそう書きたくなるかも知れない。

このように順序を乱して書く例は、実は日本語にもあることはある。例の分数である。三分の二を2/3と書く。小学生のころ、うっかり分子を先に書いて分母をあとで書くと、先生に叱られたもので、これは、日本でこの分数を読むときに、「三分の二」というように、分母を先に分子をあとに言うせいである。英語では two thirds と言うから、分子を先に書いて、分母を後にしても差支えない。

これを思うと、日本もこういったものを「二の三分」とでも言っておけば、そんな無理なことをしなくてもよかったんだと思う。1/2や1/3のような分子が1のものは例が多いので、ただ「二分」とか「三分」とか言えばよいと思うが……。

とにかく、書き方はそのくらいにして、読み方には、世界で珍しい読み方が日本にある。例の〈漢文〉の訓読がそれだ。

子曰為政以徳譬如北辰居其所而衆星共之。（『論語』為政）

というようなものがあると、上から順々には読まない。

子曰く、政を為すに徳を以ってすること、譬えば北辰のそのところに居りて、而して衆星、これに共う（むか）が如くにす。

と、やる。そのためには返り点というものをつけて、左の数字の順に読む。

子曰為レ政以レ徳譬如下北辰居二其所一而衆星共上之。

1 2 4 3 6 5 7 18 8 9 12 10 11 13 14 15 17 16

これは、馴れないと大変むずかしい。

不可不言

というようなのがあると、「言わざるべからず」と下から順々に読んでゆくから、矢島の言うトルコの文字の例と同じかも知れない。

V　文法から見た日本語（一）

一　日本語の文法とその単位

日本文法への不信

日本語の文法は評判の芳しくないものだ。学校での国文法の時間というのは、昔から退屈きわまるものとなっていたし、谷崎潤一郎は、よい文章を書くためには、文法などというものは役に立たないからお忘れなさい、と言う。たしかに、現代の口語文法は、古典語の文法を現代語にあてはめたというものなので、いろいろ無理があることは確かである。

さらに、戦後は日本語には文法などない、という学説まで飛び出した。森有正という哲学者の論である。森は言う。フランス語では、「私は……である」というときに“Je suis ……”と言い、「おまえが……である」は“Tu es ……”と言い、いちいち動詞が変わる。このあとに、たとえば「学生だ」というのならば un étudiant という言葉が入る。これに対して、日本語の方は「私は学生」の次に「です」と言ったり、「でございます」と言ったりする。「あなたは」という場合も同じことで、二つの違った形がある。こんなことを理由として、日本語の方には文法がない、というわけである。

しかし、日本語にも主語のちがいによって変化する動詞がある。たとえば、もののやりとりに使う動詞は、「私があなたに」の場合には「あげる」となり、「あなたが私に」という場合には「下さる」となる。あるいは「私がいたします」とか「あなたがなさいます」と言う。これをとり違えて「私がなさいます」「あなたがいたします」とは言わない。このような場合には、フランス語にあるような人称の変化があり、これはやはり日本語の大切な文法である。

それから、森がいう「学生です」「学生でございます」のちがいは、話し手・相手の関係から、そのどっちを使うかがきまってくる。いわば場面に応ずる変化で、これもりっぱな文法であって、森の考え方は、あまりに西欧文法にとらわれた狭い見方である。

文法の単位

日本語の文法を論じるためには、日本語の〈単語〉という単位をはっきり考えておかなければいけない。現代語の文法は古典語文法に引きずられ、単語という単位をしっかり考えなかったのはまずかった。

一体、日本語は単語という単位がはっきりしている言語か。そうでない言語か。はっきりしていない言語だと思う向きが多いのではないか。――日本文は英語の文のような分かち書きをしていない。だからどこまでが一語であるか、はっきりしていない。また、日本語の文法書を読んでみると、学者ごとにどれを一単語とみるか、ちがっている。

たとえば「行かせたから」という語句をとると、松下大三郎の文法では全体を長い一語とする。山田孝雄の文法では、「行カセタ＋カラ」と切り、二語とする。時枝誠記の文法では、「行カセ＋タ＋カラ」と切り、三語とする。文部省文法では、――これは大槻文彦文法であり、橋本進吉文法であるが、ここでは、「行カ＋セ＋タ＋カラ」と切って四語とする。

しかし、筆者は日本語は案外単語に切りやすい言語だと思う。右の学者の説はそれぞれ主張があるようだが、私見では山田の案がいい。少なくとも現代語に関する限り。もし、子供に行カセタカラと書かせたら、おそらく、「行カセタ　カラ」と切るのが自然だろう。アクセントも、**イカセタ**カ**ラ**で、二つに切れる。

単語への切り方

服部四郎は、「付属語と付属形式」(『言語研究』昭25・11)という論文で、広く世界の諸言語に応用のきく明快な単語への切り方を提案している。服部によると、まず、第一の条件として、

(1)　それだけで用いることができるもの、その前後で区切って発音しておかしくないもの、これは単語である。すなわち、(イ)「山」「川」のような名詞、(ロ)「行く」「来る」のような動詞、(ハ)「白い」「赤い」のような形容詞の終止形・連体形、それから感動詞や副詞の類もだいたい一語である。ただし、「行かない」の「行か」のような動詞の未然形と言われているもの、

「行って」の「行っ」の部分のようなものは単語の一部になる。

(2) (1)で単語と認められたものに自由につくことができるものは、やはり一種の単語である。すなわち、助詞の大部分、たとえば「は」は、「山」にもつき、「白く」にもつき、「少し」にもつくという風で、こういうのは単語と見る。助動詞と言われているものの中で「だ」「らしい」は多くの語に自由につくから単語である。それに対して、助動詞と言われているものの多く、たとえば「行かない」の「ない」の類は、(1)のものにつかないから単語ではない。上の「行か」といっしょになってはじめて一語となる。助詞の中でも「行って」の「て」はそれだけでは単語ではなく、単語の一部である。「行った」の「た」も同様だ。

このようにして得た単語は、それぞれ一定のアクセントを持っている。「行かせたから」の「から」もカ**ラ**でちゃんときまったアクセントをもっている。明治の中期に、はじめて日本語をローマ字で書く場合の分かち書きを提唱した田丸卓郎は、単語ごとに分かち書きをするように決めたが、彼の単語はまさにこの服部の単語と一致する。

それでは、時枝文法ではなぜ「行かせ」と「た」の間で切るのか。これは平安時代の日本語と現代日本語とで単語が一致していると見たからである。平安朝時代「行かせたから」は「行かせたるより」と言ったが、そのアクセントは、**ユカ**セタ**ル**ヨリで、まさに「行かせ」と「たる」との間が二語に分かれていた。つまり、平安朝の文法にはこの時枝式の文法の方がよい。

原　辞

ところで、アメリカのブルームフィールドによって提唱された〈構造文法〉では、単語よりもっと小さい文法的単位として「モルフェーム」(morpheme)を考える。日本でいうと松下大三郎の〈原辞〉で、アメリカの今の変形文法でもこの単位に分析する。そうすると、「行かせたから」は、「行カ＋セ＋タ＋カラ」と切れる。この提唱のよい点は、たとえば「塾へ行かせたから」というような句を作った場合、この「塾へ」はどこにかかるかというと「行かせたから」にかかるというよりも、「行か」だけにかかると考えた方が理屈にあう。「塾へ行く、そういうことをさせた」と解釈するわけである。この意味で、原辞への分解は一理あるので、学校文法はそれにかなっていると言える。

しかし、何でも原辞に分ければうまくいくかというと、そうでもない。「英語を教わる」という場合、「英語を」はどこにかかるか。「教わる」を意味の上で分解すると、「教える」＋「それを受ける」となり、この「教える」にかかっている。つまり「英語を教える、それを受ける」ということになる。「教わる」を形の上でそう分けるのは、ちょっと難しい。

「教わる」はまだいい。「ご褒美をもらう」の「もらう」となると、これは「教わる」にならえば、「与える」と「それを受ける」とに分かれるはずで、「ご褒美を」はそのうちの「与える」にかかっていると見られる。このようなことになると、原辞に分けることができなくなる。

『シンポジウム日本語②』の「日本語の文法」の中で森岡健二が著名な国語学者四人を集めて、

「朧夜(おぼろよ)」「はまぐり」「皮肉」「朝顔」「まつげ」「たけのこ」のような単語を、原辞に分けたらどうなるかを尋ねているが、各人各様だった。

原辞に分けることは、学者がその方針に従ってきめればいいので、一般には単語に分けておけば十分だ。辞書に載っているのは、一般に単語だ。ほかの言語もそんなものではないか。ちょうどこれは音韻論で、学者は音素に分けるが、一般には拍に分けておけば十分なのと似ている。もう一度くり返しておくと、日本語の単語はかなりしっかりした単位だ。

文節

さて、学校文法では、単語より大きい単位として〈文節〉という単位があるという。

けさ　あさがおが　さきました

の一つづきずつがそれだという。これは近ごろあまり買われていない。意味の上の切れ方と食いちがうということによる。また英語その他に、そういう単位はないからだ。

しかし、日本語ではきわめて明確な単位である。「ね」「さ」「よ」といった間投助詞を挿入できるのは、この文節と文節との間である。もし仮名ばかりで日本語を書くとしたら、文節ごとに分かち書きするのが適当のようだ。この頃ワープロで日本語を打つことが盛んであるが、その場合、文節ごとに打つのが都合がよい。

はじめにあげた四つの説のうち、松下大三郎の単語はこの文節に一致する。朝鮮語やモンゴル語・トルコ語などのアルタイ語にとって、文節という単位は、母音調和(上巻、一一二ページ)

の現象がどこまで続くかを考えるために、きわめて大切な単位である。

品詞の分類

さて、日本語の文法を考える単位は単語であるとして、単語を文法上の性質から分けなければいけない。単語を文法上の性質によって分けたもの、それを〈品詞〉という。

日本語の品詞については、学校文法でいうと、名詞・動詞・形容詞・形容動詞・副詞・連体詞・接続詞・感動詞・助詞・助動詞となる。このうち、あとに述べるように形容詞と形容動詞は同じようなもので、一括した方がいい。今、一括して形容詞とする。ここには副詞の一部も入ってくる。その他の副詞と連体詞と接続詞は同じようなもので、一括して副詞といっていい。助詞はもし英語などと比較する時は後置詞といった方がいいが、ここでは慣用に従って助詞と呼んでおく。問題は助動詞で、大部分は動詞について全体が一語と見た方がいい。残るのは「だ」「らしい」「ようだ」「だろう」だけで、これは論理学でいうコプラ(繋辞)に相当するが、慣用に従って助動詞と呼んでおこう。

以上の分類を英語などに比べると、ないものとして代名詞・数詞と冠詞と前置詞である。代名詞と数詞は、それにあたる単語群はあるが、名詞に対して特別のちがいがないので、学校文法では名詞の一部としている。それがいい。冠詞は日本語などは連体詞の一種で、ここでは副詞のうちに入れる。最後の前置詞は重要で、これが日本語にない。日本語でそれにあたるものは後置詞すなわち助詞で、ほんとうは助詞という言葉は前置詞・後置詞の併称に用いたいものだ。今の慣用に従っておく。

前置詞があるか、後置詞があるかは言語によってきまり、英・独・仏などヨーロッパ語族はだいたい前置詞をもつが、同じヨーロッパ語族でもインド語・イラン語などは後置詞をもつ。東南アジアでは中国語・タイ語・ヴェトナム語・インドネシア語などが前置詞をもつ。これに対して、朝鮮語・モンゴル語・トルコ語、さらにヨーロッパに侵入したハンガリー語は後置詞をもつ。一つの言語が前置詞をもつか後置詞をもつかは重要な問題で、センテンスの組立ての問題に関係してくることはあとに述べる。

日本語の品詞分け

最後に、日本語の単語は、品詞の区別が明確か。これは比較的明確である。元来、単語の中で動詞と名詞とは最も極端な対立をなす語類である。ところが、その区別さえはっきりしない言語がある。セミチック諸語などはそれだという（ヴァンドリエス『言語』）。英語なども品詞の区別はあまりはっきりしないようだ。but といえば、ふつう接続詞か副詞かである。が、「だってなどと言うな」という意味の "But me no buts!" という語句がある。このうちの前の but は動詞であり、あとの but は名詞だそうである。そのままの形で、名詞にもなり動詞にもなるのだからすさまじい。中国語では、「賢」は元来「かしこい」という意味の形容詞である。が、『論語』には、「賢賢易色」（賢ヲ賢トシ色ニ易(か)ウ）という言葉がある。このとき、上の「賢」は動詞であり、下の「賢」は名詞だという。

日本では、こんな極端なことはまずない。日本語で動詞は活用形ごとに一定の形をしている。「泳ぎはしない」のような場合は「泳ぎ」が名詞の場合と、動詞の連用形の場合とがあるが、アクセントを見れば、オ**ヨギ**とあれば名詞、オ**ヨ**ギとあれば動詞である。

日本語では、接続詞をそのまま動詞に使うなどとは思いもよらぬことである。〈形容動詞〉と呼ばれる一群の単語は名詞か形容動詞かとしばしば問題になるが、これも実ははっきりしている。つまり上に「非常に」という連用語がつくし、下には名詞につかない語尾「な」がつく。意味も形容詞と同じである。名詞でないことは明らかだ。ヨーロッパには名詞と形容詞と区別のはっきりしない言語が多く(ヴァンドリエス『言語』)、東アジアでは朝鮮語など形容詞と動詞の区別がはっきりしない。

日本語の品詞論は学者によってまちまちで、文法書を読む人は迷うことが多いであろう。しかし、英語などで学者に思うままに言わせたら、日本語以上にまちまちになるだろう。学校で習う文法と、イェスペルセンの文法やC・C・フリーズの文法、あるいはチョムスキーの文法とのちがいは、日本の大槻文法・山田文法・松下文法・橋本文法・時枝文法などのちがいにくらべてはるかに大きい。現在、日本で学説のちがいが大きいのは、語の切り方がちがうからで、語の切り方をそろえたら大体似たようなものになってしまうだろう。

二　名詞の性と部類別

1　名詞の性

日本語の名詞について、まず問題にされるのは、性の区別がないことである。もっとも、名詞の性がないなどと言ってさわぐのは、従来ヨーロッパの諸言語が代表的な言語だとされ、それを標準として見たからである。たとえば、ドイツ語では

男性やら女性やら

すべての名詞が男性か女性か中性かに分かれて、無生物を表わす名詞まで、ものにより男性だったり女性だったりし、時には生物のあるものが中性になる。ファーテル（父）やゾーン（息子）が男性名詞であり、ムッテル（母）やトホテル（娘）が女性名詞であるのは差支えない。それぞれちがった冠詞をつけ、複数形の変化をつけるのもめんどうではあるが、まあいい。が、少女(Mädchen)は中性、番兵(Wache)は女性名詞だと聞かされてびっくりする。

フランス語は、男性と女性に分かれるだけであるが、同じようなことがあり、伝令(ordonnance)とか保証人(caution)とかというのは女性名詞だそうだ。したがって、「伝令が」というのを代名詞で言う場合には「彼女が」と言うのが正しいという。そういうことは、どのような

形の冠詞・形容詞をつけるか、というところにまで影響してくる。同じようなことがロシア語などにもあって、たとえば、「死んだ人」といったようなものは男性名詞だそうで、したがって女性も死ぬと男性になる、ということになる。われわれはまごつかざるをえない。

動物は、雌雄であるより先に、その種が男性か女性かがきまっている。ドイツ語で「兎」は男性名詞、「鼠」は女性名詞だ。そのために「雄の鼠」という時は、

eine männliche Maus (一匹の女性である　雄の　鼠)

といい、「雌の兎」に対しては、

ein weiblicher Hase (一匹の男性である　雌の　兎)

というのが正しいそうだ。

さらに、ドイツ語やフランス語では、生きていないものでも片端から男性、女性と呼び分ける。それも「天」が男性、「地」が女性というあたりはいいが、ドイツ語で「手」は Hand で女性、「足」は Fuß で男性である。しかし、「手の指」は男性であり、「足の指」は女性だという。フランス語では、「鼻」は nez と言って男性だが「口」は bouche と言って女性で、文章を読んでいて、「彼女が」と出て来ると誰か女の人がいるのかと思うが、そうではなくて、その人の口の話であったりして、まごつくことがある。

このような性の区別というのは、日本人からみると大変珍しいことのように思われるが、世

界の言語のなかにはこういう区別を持った言語はかなりたくさんあるらしい。たとえば、ヨーロッパの言語はすべて原則として、男性名詞・女性名詞の区別を持っており、時には中性名詞も区別する。例外は、ハンガリー語とフィンランド語で、これはアジア系だから、区別がないのだそうだ。一方、アジアの方でもイランからインドのヒンディー語はヨーロッパ系で、性の区別がある。アラビアからアフリカの北の方には、これはヨーロッパ系とは言えないが、アラビア語の系統のセム語・ハム語が使われていて、ここにやはり男性・女性の区別がある。さらにアフリカの南の方のブッシュマン、ホッテントット諸語にも区別があるのだそうだ(『言語』昭53・6 西江雅之。なお、「ブッシュマン」「ホッテントット」はヨーロッパ人による蔑称)。

何に基づくのか

こういった性の区別というものは、一体何に基づくか。これについては、新村出の『言語学概論』に説明がある。ここにはいろいろな例が集めてあって、たとえばホッテントットの言葉に、「水」という言葉があるとすると、これが水一般の場合には中性名詞であるが、洪水とか河や湖の水、つまり水がたくさん集まっているときは男性名詞であり、洗い水・飲み水のような水のときは女性名詞として使うのだそうだ。

もう一つ、イェスペルセンによると、アフリカのベタウヨ語という言語、これはハム語族に属するというから、昔のエジプト語系の言語であるが、人間とか、大きなもの、大切なものが男性名詞になっている。一般の物とか、小さなもの、つまらないものは女性名詞となっている。

たとえば、男の乳というのは役に立たないからこういうものは女性名詞になっていて、反対に女の乳は立派で有用であるので男性名詞なのだそうだ。こういうことから考えて、何か、昔の人の価値観、価値のあるものは男性で、価値のないものは女性といったその名残りがヨーロッパの言語にあるのではないか、というふうなことを新村は述べている。

千野栄一の『言語学の散歩』の中には、いろいろな言語における名詞の性別の例が挙がっているが、コーカシア語族の中には、「男」と「神様」とはいっしょの性、「女」はちがうというのや、「男」だけが別で、「女」と「怪獣」がいっしょになっているなど、女性に対しては大変失礼な言語の例があるようだ。

ヨーロッパのオーセンという学者は、男性名詞・女性名詞の区別がある言語は、文章に活気を与えると言った。名詞に性の区別をもたないハンガリーの学者の中には、そう言われてコンプレックスに陥った人もあるようだ。しかし、われわれには、それよりモラエスが『日本精神』の中で述べているように、無生物にまで性を感じることはむしろいやらしいと思う。

新しい単語ができると

ヨーロッパの諸言語ではこういう区別のために、ばかばかしいこともある。「一人の美しい女性」という時にドイツ語では、eine schöne Frau といい、このうち eine と schöne の最後についている二つの e は、両方とも、それは女性だというしるしであって、どうもそういちいち言わなくてもと思われる。

また、男性名詞と女性名詞によって修飾する言葉が違うので、「私の息子と娘」というような言葉がドイツ語やフランス語では簡単に言えない。もし英語ならば my son and daughter でいいわけだが、ドイツ語だと、「私の」というのは mein と meine の二つある。mein という方は男性名詞用、meine という方は女性名詞用である。息子は男性で娘は女性であるから、右の句は mein Sohn und meine Tochter と二度手間をかけなければ言えないことになる。

それから、すべてのものを男性か女性かに片づけなければいけないとすると、新しい単語ができた場合に困る。渡辺紳一郎の随筆にあったが、渡辺がパリにいた頃に、パリの町に auto と呼ばれた乗合自動車が生まれたのだそうだ。ところがこの auto というものは男性であるか女性であるか。新聞の投書欄を読むと、あれは男性だ、女性だ、という議論がむしかえされている。その結着がつかないうちに渡辺はスウェーデンに行ったそうだが、三年後またパリに帰って来て、何気なくホテルで新聞を開いてみると、まだ、auto が男性だ、女性だ、という議論が続いていたそうで、こういうことは日本ではまず想像もつかないことである。

英語は比較的そういうことを言わない言語であるが、それでも時には、性を区別して使うことがある。「船」と「井戸」は女性として扱うそうだ。

英語の場合

筆者はハワイに滞在したときに、せっかくの機会だから英語の会話を勉強しようと、会話の塾へ通った。ところが、その先生の話す言葉が速くて、ついて行けない。そこで私はある日、テープレコーダーを教室に運びこんで許可を求めた。その日、先生が生徒一同にこう言ったのは面白かった。

「今日は、この教室に一人の新しい生徒を迎えた。彼は頭がよくて、私が教えたことをすぐに皆、覚えてしまう。諸君も彼に負けないように頑張りたまえ」

つまり、きわめてスムーズにテープレコーダーを男性名詞にしてしまったのであったが、こういうことは日本人はちょっとやらない。

日本語では、一般に男性か女性かという区別に無頓着である。たとえば、日本語で「俳優」という場合に、これは男でも女でもいい。英語では actor というのが男性で、女優に対しては actress という別の言葉で表わす。「恋人」という場合も同様であることは前に述べた。

英語では、he と she という二つの人称代名詞があって、これを使い分けなければいけない。芥川竜之介の『羅生門』をグレン・ショウが翻訳したが、あの作品の中に死人の髪の毛を抜く老人の話が出てくる。最初のうちは老人が男であるか女であるかわからない。それをショウは、はじめは he を使って「彼が……」としているが、のちに老婆という正体がわかってからは she を使って「彼女が……」と改めている。これなどは、人をさす場合 he か she かに決めて言わなければいけないという英語の悩みがあるのではないかと思った。日本語にはこのような場合、両方に使える「その人」という言葉があるのでありがたい。

2　名詞の部類別

東アジアの言語と部類別

東アジアの言語にはこのような男性名詞・女性名詞の区別がない。それに代わるものとして、日本語もその代表的な言語であるが、〈部類別〉の存在がある。

これはまず「もの」を、生きて活動するもの(心のあるもの)と活動しない普通のもの(心のないもの)に分け、この区別をやかましく考える、ということである。日本語では、存在を表わす動詞に「いる」と「ある」と二つあって、「私」「犬」「虫」のような、生きものの場合は、「私がいる」「犬がいる」「虫がいる」と「いる」を使い、無生物の場合は「机がある」「本がある」「マイクがある」と「ある」を使う。

英語では、たとえば三人称の代名詞は「彼」「彼女」というふうに男性・女性の区別がある。ところが、それに対し、複数になると「彼ら」「彼女ら」は同じ they になる。それはいいが、それは生きていないものの複数「それら」と形が同じであることに驚く。つまり男女の別の方が人と物との別よりもやかましいのである。

辰野隆の随筆にあったが、中学校一年の時、教室で英語のリーダーとして、イソップ物語を読んでいた。その中に強欲な犬がいて、肉屋から肉片を盗み出して逃げ、小川にかかっている橋を渡りかけて、川の水面を見ると、肉をくわえている自分の姿が映っている。その肉も欲し

いと思って大きくワンと吠えたために、肉は川の中に落ちて、犬は肉を失ったという話が載っていた。そこを英語では、

彼がひと声ワンと吠えると、彼がくわえていた肉片は彼の口を出発した。

と書いてあったそうで、級友一同大笑いしたとあった。leave と書いてあったのであろうか。日本人から見ると、「出発する」というのは、たとえば、新婚の二人がハワイへ行くというわけで、みんな成田まで見送りにゆく。税関の時に、「じゃあ行ってくるぞ」「頑張れよ」と手を振って別れるような時に言う言葉で、肉片が口を離れたような時に同じ動詞を使うとは考えられないわけだ。生物・無生物のちがいを大きく見ている民族と、そうでない民族とのちがいであろう。前に述べた、ハワイの英会話の先生がテープレコーダーを生徒なみに扱ったのも、筆者はおもしろい言い方だと感心したが、珍しくもない言い方だったのかもしれない。

主語が無生物のときの表現

一体に、昔から日本語では、無生物が主語になった場合は受身の形を使わない、というのが本来の性格だった。現在ではごく普通に「机が置かれる」「幕が張りめぐらされた」と言うが、昔の日本人はあまりそういうことは言わなかった。「机が置かれた」と言うと、机が置かれて困っているような、そんな語感がある。

これは受身の言い方に限らず、使役の表現も無生物が主語の場合には使いにくいこと、後にも触れる。「風が私の心を悲しませる」のような言い方は、古くはなかった。昭和のはじめ藤

森成吉は『何が彼女をそうさせたか』という戯曲を発表し、評判をとった。これなども当時の新しい表現であった。普通の言い方を求めるなら、「こんな女に誰がした」であろう。

また無生物を主語とした場合、他動詞を使うことも原則としてはなかった。横光利一が『日輪』の中で、

森は数枚の柏の葉から月光を払い落として呟いた。

というのが、新感覚派と呼ばれ、いかにも新しい感じを与えたのは当然だった。

物による数え方の違い

日本語の生物・無生物の違いは、さらに、物を数える場合にもやはりモノをいう。普通、人間を数える場合は「一人」「二人」、大きい獣は「一頭」「二頭」、小さい獣や虫は「一匹」「二匹」、鳥は「一羽」「二羽」と言う。

これが日本語では、いろいろ難しい問題をはらんでいて、ざるそばや看板は「一枚」「二枚」、鏡や碁盤あるいは箏のようなものは「一面」「二面」、たんすと三味線は「一さお」「二さお」などと、言い分けるというから大変だ。終戦前のNHKのアナウンサーの採用試験には、漢字の読み方と、敬語の言い方ともう一つ、これはどう数えるかというような問題が出たもので、アナウンサーの志願者は一生懸命に勉強したものであった。イカなどは、これは動物であるが「一ぱい」「二はい」と数え、ウサギは獣であるが「一羽」「二羽」と数えるというような例がある。

こういった物による数え方のちがいは、日本だけではない。これは東南アジア的な性格で、これについては次節の数詞の項で述べる。

「ある」と「いる」

この項のはじめに述べた日本語の「ある」と「いる」について一言付け加えておくと、たしかに「人がいる」「犬がいる」「机がある」「本がある」ぐらいならば、生物と無生物のちがいでよいが、実際には人間の場合にも「ある」を使う場合がある。すなわち、「私には子どもが三人ある」の場合で、子どもは生物の場合であるが、「ある」を使う。これがかりに、お手伝いさんの場合、「うちにはお手伝いさんがいる」と言って、「ある」を使わない。これはなぜか。考えてみると、お手伝いさんが家にいるのは、本人の意志でここに居ようと思って来たのである。ところが息子の方は、この家に生まれようと思って生まれたのではない。生まれてみたら、私の家だったのである。ここには本人の意志が関係していない。

つまり、「いる」と「ある」のちがいは生命のあるなしではなくて、心のあるなしによる違いだと言った方が正確である。無生物でも、たとえば「あそこに自動車がいる」と言うことがある。これは運転手がちゃんといる自動車がよそから来てそこにとまっている場合であって、からの自動車が置いてある場合にはそうは言わない。

有心物と無心物

ところで、この有心物と無心物のちがいは、数え方を離れて見る場合は、かなり全世界の言語に普遍的で、英語でも全然ないことはない。たとえば、who 対 what の間、あるいは somebody 対 something の間などには、区別がある。

なお、言語によってはせっかく有心物・無心物に分けても、実際に有心物と無心物のちがいに対応しない例はたくさんある。北米のアルゴンキン語では、有心物の方に、動物のほかに植物の一部とヤカンが含まれているそうだが、ヤカンとは妙なものをえらんだものだ(E・A・ナイダ『新言語学問答』)。

このごろ日本語と同系かという論が出てやかましいインドのドラヴィダ語族は、有心物・無心物の区別が男性・女性の区別とからみあって来て、むずかしい関係を作っている。たとえば、ゴーンド語とかクー語では無心物と女性とをいっしょに扱うきまりがあるそうだ(メイエ、コーアン共編『世界の言語』)。

思い出し部　ところで、物の有心物・無心物の分類と、男性・女性との分類がからみあい、最も複雑な文法体系を作っていて有名な言語が、アフリカ南部のバンドゥー語族である。その一つにズールー語があるが、ここではすべての名詞が、人に関するもの、木などに関するもの、道具に関するもの……などの部類に分かれ、それぞれに形容詞でも動詞でもすべてちがった形をとる。

「われわれのすてきな人がやって来た」ということを言おうとすると、「人」は umuntu というが、この umuntu の最初の umu という部分が変形して「われわれの」にもつき、「すてき

な」にもつき、「やって来た」にもつく。つまり、

人が、われわれの**人**だぞ、すてきな**人**だぞ、やって来たぞ、それは**人**がだぞ……

というように言うのだそうだ。そうして、もしこの「人」の部分が、「少女」(intombi)となれば、umu の代わりに別の in という部分が変形して、次々の言葉にくっついていく。つまり、

少女が、われわれの**少女**だぞ、すてきな**少女**だぞ……

というようになるというからめんどうだ。

イェスペルセンは、このゴチックの部分を〈思い出し部〉(reminder)と呼び、ラテン語などの一つの名詞につく冠詞や形容詞の語尾変化はこれと同じもので、あまり進化していない言語である徴証ときめつけた。

三　名詞の数と数詞

1　名詞の数

単数か複数か　日本語の名詞は数の区別がないということがよく話題になる。すなわち、英語では卵が一つの場合 an egg というが、二つ以上の場合は形を変えて eggs とい

う。これに対して日本語は、卵が一つでも二つ以上でもタマゴですませる、という類いである。この単複の区別は、世界の言語にかなり普遍的な現象で、インド・ヨーロッパ語はすべてもち、ウラル諸語・アルタイ諸語からビルマ語にまで及んでおり、ハム・セム諸語、アフリカの諸言語や太平洋の諸言語にも見られる。すなわち数の区別のない言語の方が珍しく、日本語のほかは朝鮮語・旧満州語・中国語・タイ語・ヴェトナム語(『安南語広文典』)から、インドネシア語(市河三喜ほか編『世界言語概説』下)などがそうで、大体、アジアの東南方にかたまっている。

日本語や中国語に数の区別がないことは、ヨーロッパ人を驚かせ、軽蔑の気持をいだかせるらしい。ブロックというアメリカの言語学者は、日本人は思考においても、単数と複数との区別をすることができない、と言ったという(『言語研究』昭28・3 服部四郎)。たしかに、日本人は二人の娘を「ピンクレディー」などと呼んで平気でいた。

日本語の複数表現

日本人も、単数と複数の区別は頭にある。が、それをいちいち言葉の上に表わさないだけだ。日本語でも、複数を表わす言い方がないわけではない。名詞に接尾語の「ども」や「ら」や「たち」をつければ複数を表わすもので、「私ども」「学生たち」「子供ら」などはそれであって、人の場合にはそれが言える。「これら」「それら」のような、いわゆる代名詞の場合ならば、物でも複数で言える。「山々」のような形も、本来は複数を表わす形ではないが、結果として複数を表わすことになる。ことに漢語の場合、「諸問題」

「諸制度」のような言い方ができる。ただし、言いたくても言えないものがあることは残念で、一般の事物、たとえば「机」とか「本」とかは複数であることが言えない。もっとも、時には、英語では複数の形がないところに、日本語では複数形が使えることもあり、たとえば、英語にはwhoの複数形がないが、日本語では「誰々が今日来たって？」と問うことができる。

日本語の複数形について注意すべきことは、複数であることを示したい時だけ「たち」をつけて示すということである。示したくなければ「たち」をつけなくてもいい。「学生が大勢歩いている」で十分で、いちいち「学生たちが大勢いる」と言う必要はない。

難しい問題

英語などはこの点やっかいで、その人、事物が複数だったら、かならず複数形を使わなければいけない。終戦直後のころ、梾垣実が京都の二条城から、進駐軍の観客にそなえて英語の掲示を出したいという相談を受けた。簡単なことと承知したところ、「松鶴図」というふすまの絵の題をどう英訳するかと電話で聞かれ、日本語ならば、「松と鶴」でいいが、英語に直すとなると、「鶴」が一羽ならばa craneであるが、二羽いるならばcranesとしなければと考え、結局絵を見せてもらわなければ訳せないことになったという。

英語などでは単数・複数の区別があるために、ときに思いがけない難しい問題が起こるようで、イェスペルセンの『文法の原理』によれば、有名な作家にもこういった間違いがあるそうだ。“Ten is one and nine.”――「一〇は一たす九である」、これは正しくは“Ten are ……”と複数にすべきものだそうだ。それから“Fools are my theme.”——「おろか者たちは私のテーマである」、これは、おろか者がテーマとすればおろか者を一つに扱っているわけだから、むしろ単数にすべきだという。

ドイツ語でも難しいのがある。たとえば「千夜一夜」をドイツ語で tausend und eine Nacht と言うそうだ。Nacht というのが単数形になっている。元来「千一の夜」だから複数にすべきであるが、tausend の次に「一つの」という eine があるので、それに引かれて単数のかたちを使う。このへんはどうも論理的ではない。

D・カーという中国語学者は、中国語を学び、中国語の名詞に数の区別のないことを知り、「自分は、われわれ西洋人は、数という範疇をもつためにいかに多くの不合理を犯させられているかと感得した」と告白した。

双数をもつ言語

言語学者によると、世界の言語の中には風変わりな言語があって、単数・複数のほかに双数というのを区別する言語があるという。つまり、指されるものが一つの場合、二つの場合、三つ以上の場合をいちいち言い分ける言語である。

こういう双数を区別する言語で有名なのはアラビア語だ。ほかに、ヨーロッパの言語では昔のギリシャ語にあり、今は、スロベニア語やリトワニア語などもそういう区別が残っているそうだ。こういう言語を使っている人は、新聞記事に盗難事件を扱う場合、侵入した泥棒の人数がわからない時は、「その一人の泥棒、二人の泥棒、または三人以上の泥棒は……」というのであろうが、厳密ではあるが、不自由だろう。

先年、ニュージーランドに行ってマオリ族と親しくした時、「さようなら」という言葉が、相手が一人の場合、二人の場合、三人以上の場合で言い方がちがうということを習った。

さらに言語によっては三数・四数というものがあって、ミクロネシアのマーシャル群島の言語にあると聞く（メイエ、コーアン共編『世界の言語』）が、これは御苦労というほかはない。

2　数詞について

数え方

世界の諸言語の数を表わすことばは、種々様々である。

第一に、数え方のきわめて貧弱な種族がある。クラーチという人類学者は、『人類学』の中で、オーストラリアのクィーンズランド原住民のことばでは、一を何トカと言い、二を彼トカと言い、三以上は特別の言葉がないという。そうして無理に数える時は、三は彼トカ・何トカと言い、四は彼トカ・彼トカと言って表わすという（金田一京助『言語研究』）。これに似た数え方は、タスマニア人やパプアの原住民の一部にもあるらしい（『世界の言語』）。

日本語は、歴史以前にすでに、モモ・チ・ヨロズをもっていて、相当進んでいた。多い方の代表は中国語で、百・千・万の上は、億・兆とあり、「兆」は10の12乗だ。サンスクリットの数詞も結構多いが、中国とちがって、「十万」「百万」のような数え方をせず、すべて一〇倍ごとに新しい名前で呼ぶので、八位ぐらいで息切れしたようだ。

五進法・十進法…

次に、世界の言語の数の組織に、五進法・十進法・十二進法・二十進法などがある。五進法は、クメール語とメラネシア語の一部に見られるもので、クメール語では、一から五まで名があり、六はイッツ・ヒトツ、七はイッツ・フタツ、八はイッツ・ミッツというような形式で言うという。これは、片手の指を一つのまとまった単位とみて数えたことに起源をもつにちがいない(北村甫編『世界の言語』坂本恭章)。

十進法は最も普通の数え方で、インド・ヨーロッパ語、ウラル・アルタイ語、中国語、ビルマ・チベット語、朝鮮語、インドネシア語など、すべてこれである。日本語もこれであることは言うまでもない。これは両手の指の数を一つのまとまった単位と考えたところからたまたま生まれた考え方であるが、数学的には必ずしも最も合理的とは言えないという。

二十進法は両手足の指を数えるもので、これは世界各地に散在して行われている。ヨーロッパではバスク語とコーカサス山麓のコーカシア語がそうだとして知られており、東アジアではアイヌ語の数詞がそういう組織をもっている。大野晋によると、いつか日本語と同系の言語だと騒がれたヒマラヤ山麓のレプチャ語も二十進法の言語だという。この二十進法は、ヨーロッパ人の数え方にも部分的には現われており、たとえば、デンマーク語では、六〇は〈三倍の二〇〉、七〇は〈三・五倍の二〇〉という言い方をするそうだ(市河三喜『数詞について』)。フランス語でも、八〇にこの行き方がとられている。

十二進法とは、一二までを別々のことばで言い、一三を一二プラス一、一四を一二プラス二という行き方で、古代のバビロニア語が有名である。ヨーロッパの西部のケルト語にこの傾向があり、たとえば今の英語などで、一三以上は thirteen, fourteen と規則的であるが、一一と一二は eleven, twelve と不規則なのは、ケルト語の数え方の影響だという(市河、同前)。十二進法の起源は、一二という数が多くの数の倍数で割れることを利用したもので、十進法より数学的には合理的らしい。

日本語はいわゆる十進法をもつが、これは世界で最も普通の数え方なので、特色とはしがたい。日本語の数え方で特徴的なのは、上巻(五三ページ)に述べたが、一〇までが倍数組織になっていることで、すなわち、ヒトツとフタツの関係は偶然として、三とその倍数の六とが「みっつ」と「むっつ」、四と八が「よっつ」と「やっつ」で似た形をもっていることである。

体系性

数詞について、次に注意すべきは、一つ一つの数を表わすことばが緊密な体系をなしているかどうかということである。レヴィ＝ブリュルの『未開社会の思惟』で紹介しているニューギニアの北東地方で話されるパプア語では、一は右手の小指、二は薬指、三は中指と進み、あとは次のようになるという。

四—右手の人差指、五—同じく親指、六—右の手頸、七—肘、八—肩、九—右の耳、一〇—右の目、一一—左の目、一二—鼻、一三—口、一四—左の耳……

このように続いて、二二は左手の小指に終わるのだそうだ。顔のあたりまで来ると混乱が起こるというが、まことにもっともである。

これほどではないが、辻直四郎(市河ほか編『世界言語概説』上)によると、現代インド語では、一から一〇〇までが不規則で、それぞれその名前を暗記しなければならないというから、これまた大変だ。つまり九五まで数え方を教わっても、九六は何と言うか聞かなければならず、一〇一へ行ってはじめて一〇〇プラス一という規格にあった数え方をするのだそうだが、こういう言語を使っていては、さぞかし不便だろうと想像する。インドから伝わった仏教では、はんぱな数を愛するが、このことと関係はないだろうか。

掛け算・引き算のやさしさ・難しさ

さて、日本語に戻ると、一〇以下は、

ヒトツ、フタツ、ミッツ……

という日本古来のものを使うが、一一以上になると中国渡来の、

ジュウイチ、ジュウニ……ニジュウ……サンジュウ……

を使っている。これはまことに便利だ。

英語ではテンとワンを足したものがテンワンではなくて、イレヴンという全然ちがった数に

なる。それに一を足すと、また、それはテントゥーではなくて、トゥウェルヴとなっている。こんなことから、日本語にある〈九九〉にあたるものは、足し算用に使ってしまうので、つまり足し算の九九はあるが、掛け算の九九というものがないのだそうだ。だから、向こうでは掛け算は非常に難しい計算ということになっている。

いつか、「未完成交響楽」という映画を見ていたら、シューベルトが小学校の代用教員をつとめていて、子供に掛け算を教えると言って、

ツワイマル・ツワイ・イスト・フィール（2×2＝4）

ツワイマル・ドライ・イスト・ゼックス（2×3＝6）

と、ただ数式の丸暗記を強いているところがあった。あれではシューベルトでなくても授業がいやになってしまうと思った。ソ連で抑留された人の話に、ロシア人が人数を数える時は必ず二列か五列に並ばないと向こうの人は計算ができないようだとあった。

英語では二〇や三〇もむずかしく、トゥー・テンとかスリー・テンとは言わない。twenty, thirty という全然ちがう言葉を言う。この thirty は、一三の thirteen とまぎらわしく、子どもは間違いやすいそうだ。英語はまだいい方で、フランス語あたりでは、六〇が soixante で、七〇は soixante-dix、つまり六〇プラス一〇と言い、七二は六〇プラス一二という。そうして八〇は quatre-vingts つまり四かける二〇という。日本では「八〇から七二を引く」と言えば

すぐ「八」と答えが出るが、フランスでは、四かける二〇から六〇プラス一二を引くのであるから、すぐには計算できないだろう。

よく海外へ出かける日本人が、向こうで買物をして大きなお札を出すと、お釣りがなかなかもらえなかったなどと言う。向こうの人は数詞が難しいので引き算が大変なのだ。

助数辞

日本の数を表わす言葉は、右に述べたように規則的でやさしいのだが、ただし数えるものによって数え方がちがうという、めんどうな性格がある。人ならば「ひとり」「ふたり」と数え、犬ならば「一匹」「二匹」と数えるという、あれだ。

「一匹」とか「一羽」という助数辞をつける習慣は、ヨーロッパの方にはかつてなく、東南アジア的なもので、日本語のほか、朝鮮語・中国語・ヴェトナム語・タイ語・ビルマ語のほか、アルタイ系の旧満州語にあり、あと西太平洋の多くの言語にみられる。インドネシア語は文法全体は簡単であるが、助数辞に限れば複雑であり、ミクロネシアのたとえばトラック島の言葉には一一〇種類の助数辞がある。

これらのうちで何と言っても中国が本場で、その種類も多く、同じような家畜でも、馬は「一匹」「両匹」、豚は「一口」「両口」、牛は「一頭」「両頭」、羊は「一隻」「両隻」というように数え分ける。そうかと思うと、犬はやせてもいないのに蛇やムカデと一緒にして「一条」「両条」と数えるのはどういうわけだろうか。日本では使わない重要な助数辞に、飴や石鹼のようなものを「塊」で数え、鉛筆やアイスキャンデーを「枝」で数えるといった例もある。「枚」で数えるものには、日本とまったく異なり、桃などがそうだなどというものがあり、衣服を「件」で数えるのも日本人から見ると意外である。

中国語には同音語があるから、こういう助数辞は必要で、中には「手巾」のように「条」で数えればタオルになり、「塊」で数えればハンカチになるものもある。

日本語の助数辞についていうと、人を数える助数辞に「三人」「四人」の「一人(にん)」があるが、これはおかしい。それならば犬は「一ケン」「二ケン」と数え、猫は「一ビョウ」「二ビョウ」と数えることになる。人にはもともと「ひとり」「ふたり」「みたり」「よったり」という数え方があり、また、「一名」「二名」と数える方法があったのだが、サンニン以上の数え方になると、誰かがまちがえてしまったものだ。

マネキン人形の数え方

D・カーは、中国語を文法の上からみて、ほとんど理想に近い言語と評価しながら、唯一の欠点として、助数辞の複雑なことをあげた。日本語についても、かつて宮田幸一が、助数辞をもっと減らして、人間に関するものは、「ひとり」「ふたり」と数える、すべての動物に関するものは、「一匹」「二匹」と数える、すべての物に関するものは、「ひとつ」「ふたつ」とするというように整理できないだろうかという意見を出したことがあったが、おもしろい問題である。

欧州語の名詞の性や数の区別が、日常生活にめんどうを引き起こすと同様に、日本語の助数辞の区別は、時に日本人を苦しめる。

ＮＨＫの放送用語委員会では、アナウンサーがニュースを放送する場合にどのような日本語を使ったらいいかということを検討しているが、あるとき、マネキン人形をどう数えたらいいか、ということが話題になった。人間ではないから「一人」「二人」と数えるのはまずいとして、どう数えたらいいか。パチンコの台みたいなものだから、「一台」「二台」と数えるのはどうかと委員の一人が言えば、石灯籠のようなものだから「一基」「二基」と数えたらどうかという声も出る。最後に、仏像のようなものとみなして「一体」「二体」とするのはどうか、といったような案が出て、結局結論は出なかったが、しばらく時間をつぶしたことは確かである。これは、そういう習慣のないヨーロッパの人が聞いたらおかしく思う問題にちがいない。

数量と順序

数の数え方と言えば、数量の数え方と順序の数え方との関係も問題になる。英語では、数量の方は one, two, three ……と数え、順序は、first, second, third ……と数え、はっきりしている。日本語では、数量は「ひとつ」「ふたつ」、順序は「ひとつめ」「ふたつめ」と「め」をつけ、あるいは「第一」「第二」と、漢語で言って、いちおう区別はあるようだが、実際にはかなり混乱している。たとえば、日の数え方は、

数量——いちにち　　順序——ついたち

と、一日だけは区別があるが、二日以上になると、数量も順序も「ふつか」「みっか」となってしまい「みっか(かん)行った」と言えば数量、「みっかに行った」と言えば順序の方と、かろうじて分かる程度である。

これをしっかり区別しようとしたのは、旧軍隊だった。日本の軍隊は、西南戦争の時に、第五中隊一つを前進させようとして、「五中隊前進！」とやったために、五つの中隊が全部前進して大敗北を遂げた。以後、「第○中隊」と「○個中隊」とをやかましく言い分ける慣習があるというが、これはよいことだった。一般の人もこの区別にもう少し神経質になった方が良い。エレベーターへ乗ると、エレベーター嬢は、「御利用の階数をお知らせ願います」と言っているが、実際は第何階かを、つまり順序を尋ねている。

日本語では古くは、「ひと」「ふた」は数量の方、「一」「二」は順序の方といって区別する傾向があった。「ひとひ」「ひとよ」は今の「一日」「一晩」だった。そうして、「一の橋」「二の橋」、「一の鳥居」「二の鳥居」、「一の膳」「二の膳」は、「第一の」「第二の」の意味だった。が、「一」「二」の方が便利さを買われて、数量をも表わすようになって混乱した。

もっともそう言っても、英語などでも、数量を表わす数詞と順序を表わす数詞の区別をいつもきちっと守って使っているわけではない。Chapter 1 は Chapter one と読むが、正しくは Chapter the first のはずである。

四　名詞の格

1　格を表わす助詞

一つ一つの名詞が、動詞や形容詞に対して、あるいは他の名詞に対して、どういう関係をもって続いていくか、そのちがいを格の変化という。日本語では、名詞の次に、「が」「を」「に」「の」……というような後置詞を――いわゆる格助詞を付けて表わす。

これはギリシャ語・ラテン語に代表されるヨーロッパの諸言語が、名詞自身の形を変えて表わすのとはちがい、アルタイ諸語の方式に近い。これが、日本語は言語分類上、膠着語に属すると言われるゆえんである。しかし、実際にトルコ語と日本語を比べてみると、日本語における名詞と後置詞の結合はゆるく、それぞれ一語である。「雨が」という時に、「雨」「が」はそれぞれ固有のアクセントをもっており、そこはいつも、拍の切れ目になっている。日本語の名詞と助詞をくっつけているものは、膠(にかわ)ではなく、工作用セメダインぐらいのところだ。この日本語の性格は、ビルマ語・チベット語、それからヒンディー語にむしろ似ている。

格の種類　格の種類は何種類あるか。あり得る格の数は、泉井久之助によると、七の三乗に呼格を加えないから格のうちでは特別のものだ。現在のところ、格の種類が多くて有名なのはウラル諸語で、フィンランド語は一五種、ハンガリー語は二〇種以上もあるそうで、これが最高である(北村甫編『世界の言語』小泉保)。これに対し、インド・ヨーロッパ語では、もとは八つの格があった、そうして、サンスクリットにはこの八つがそのままあったと言われており、リトワニア語では今でも八格をもっているそうだ(ナイダ『新言語学問答』)。ギリシャ語では五つに、ラテン語では六つに減っており、現代ヨーロッパ諸言語ではさらに減っている。

日本語の格の数はいくつあるか。三上章の『日本語の構文』によれば、次のようになる。


—が　主格　動作・作用をするもの、属性をもっているものを表わす。

—を　対格　作用を受ける対象のほか、移動する場所、分離の対象をも表わす。

—に　位格　場所・時・範囲を表わすほかに、帰着点、変成の結果、目標を表わし、さらに漠然とした動詞への修飾を表わす。

—の　連体格　広く名詞に続く言葉を表わす。

—と　共格　相手のほかに、変成の結果、談話や思考の内容を表わす。

—から　奪格　出発点を表わす。

—へ　与格　方向・帰着点を表わす。

―より　比較格　比較の基準を表わす。

―で　具格　動作の場所・道具・原因を表わす。

もっとも、「に」「と」「で」のように、同じ助詞でもちがう意味を表わすことがあるから、全体の数は一三種類ぐらいになる。また、現代ではこういう語のほかに、「―について」「―によって」なども、格のちがいを表わしている。

日本語の長所

日本語の格の表わし方は、相当に精密である。時にあやふやなものもあるが、何より規則的で、ちがう名詞に対して同じ形でつくというところに、日本語の大きな長所がある。ラテン語などは、名詞が格変化を行うが、これが不規則なので、しばしばどれが主格でどれが対格か、わからなくなったりする。

Rēgēs consules amant.

のような構文では、「王たちが役人たちを愛する」とも、「役人たちが王たちを愛する」ともとれ、はっきりしない。これは、rēgēs とか consules とかいう語が、主格と対格とで同じ形を共有するからである。日本語では「が」および「を」のおかげでこの心配はまったくない。

王たちが役人たちを愛する

王たちを役人たちが愛する

順序を変えても、「愛する」「愛される」の関係はきわめて明晰である。

主格の助詞「が」

日本語の格助詞のうち、特に注目されるのは、主格を表わす「が」である。

春が来る　　鳥が鳴く　　雨が降る

この「が」の意味を表わす言葉は外国語にはなかなかない。

Ein Vogel singt.

の ein Vogel は、ただ「鳥」であって、断じて「鳥が」ではない。その証拠に、“Das ist ein Vogel.”は、「それは鳥だ」の意味ではないか。「それは鳥がだ」ではない。日本語でも古くは「が」という助詞の働きが十分でなく、今「鳥が鳴く」という所を、ただ、

鳥鳴く

と言った。「鳥」に特別に主格を示す助詞をそえず、つまり無格の鳥を自動詞の前におくことにより、文脈によって鳥が主格であることを推測させた。ドイツ語の、“Ein Vogel singt.”の ein Vogel はまさしくその用法と同じもので、つまり、ドイツ語ではこの点に関するかぎり、日本語より数百年遅れていると言っていい。

ドイツ語の文法書などを見ると、nominativ という格を日本の学者は〈主格〉だと呼んでおり、筆者もそう呼んだが、あれはいけない。金田一京助の〈名格〉がいい。

ヨーロッパ語で名格のほかに主格をもった言語を探せば、強いて言えば、フランス語の人称代名詞の je, tu, il ……などだ。これは主格の時にしか使わないから、名格の moi, toi, lui ……

に対する主格である。もっとも、一般の名詞にはこういう主格はないから、主格をもった言語とは言いにくい。

日本語のように、名詞ごとにはっきり主格の言い方をもっているものは、隣りの朝鮮語である。朝鮮語で鳥は sæ であり、「が」に当たる助詞は ka で、

sæka tʃi tʃə kwita

と言えば「鳥がさえずる」という意味になり、さすがに隣人の言語だけのことはある。朝鮮語以外ではビルマ語の文語にあるというが、これは日本語の「は」にあたるものかもしれない。

対格の助詞「を」

「が」についで有用なものに、対格を表わす「を」がある。これが表わす意味は、英語では、代名詞の半数が不完全に表わすだけで、一般の名詞はただその位置で表わす。ドイツ語は格変化を冠詞や形容詞の形で表わすが、それも完全ではない。インド・ヨーロッパ語ではイラン語に「を」にあたる後置詞があるのは珍しい(『言語』昭62・11、別冊、小泉保)。また、スペイン語が、人間および動物を表わす名詞の対格に限り、a という前置詞をもっているのも出色である。

東洋の言語では、朝鮮語はもちろんのこと、モンゴル語・トルコ語などのアルタイ系の諸言語は軒並みこの格をもっている。中国語は以前から孤立語と言われ、たとえばいわゆる漢文で「を」の格にあることは、動詞のあとにおくという位置だけからそれを感知させたが、現代の

中国語では前置詞「把」を用いて、日本語の「を」の意味をどんどん表わすようになったのは注目すべきことである。「本を破る」は「把書撕破」といい、「字を書く」は、それだけでは「写字」であるが、「字を書いてしまう」ならば「把字写完了」といい、「飯を食う」は「吃飯」であるが、「飯を食ってしまう」は「把飯吃了」となる。

「を」について不便なことは、「が」もそうであるが、「は」と続けては用いることができないことだ。法律の文章に、

子どもはこれを酷使してはならない

というのがある。ちょっと聞くと、子どもに対して、何かを酷使するのを禁止しているように聞こえるが、そうではなくて、一般の人に対して、子どもを酷使することを禁止している文である。これは、「子供をは」と言えるならば、「これを」を使わない、すらっとした文章になるところだった。法律文では「子どもをは」と言ってよいとすべきではないだろうか。

もう一つ、多くのヨーロッパ語にない格助詞は、談話・思考の内容を表わす「と」である。この「と」もまた、アジア方面では、朝鮮語・モンゴル語・トルコ語など、軒並みしっかりもっていて、明快に論理を通している。

それから、格助詞のうちで注意すべきものは「に」で、これは「静かに」「いっしょに」のように使うところを見ると最も無色な連用の後置詞らしい。だからこそ、その用法も多岐にわ

たっているのだろう。柴谷方良が、

先生にほめられる

子どもに行かせる

のような文で「ほめられる」は「ほめる」＋「その動作を受ける」という意味だ、「行かせる」は「行く」＋「その動作を強制する」という意味だ、と分析して、「に」がその深層構造にある「ほめる」「行く」の主格を表わすのだと説明したのは、変形文法論の効果を広く知らしめた発表だった。

「の」の生む誤解

次に「の」は他の格助詞が動詞や形容詞へ続いていく語句を作るのに、ひとり名詞へ続いていく語句を作る点でちがっている。そういう格助詞は「の」一つしかないので、随分いろいろな意味のつながり方をする。

妹の結婚

は「妹がする結婚」で「が」に相当する「の」格であり、

衣料品の販売

は「衣料品を販売すること」で「を」の意味を含んでいる。

見坊豪紀ほかの『新ことばのくずかご』に出ていたが、ある人が猫にやる缶詰めを買おうと、

猫の缶詰めを下さい

と言ったら、店の人が、

猫の缶詰めなんてありませんよ

と言ったそうだ。猫の肉を缶詰めにしたものと解したらしい。

ある家に、渋沢栄一を描いたりっぱな肖像画があった。誰が描いた絵かと思い、主人に、

これはどなたの絵ですか

と尋ねた。と、主人は答えたそうだ。

あなたは、この人を御存じないんですか。この人は渋沢栄一ですよ。

つまり、主人は「誰を描いた絵」と解釈したのである。この場合、人によっては、誰が持っている絵かと尋ねられたと解する場合もありうる。そういう場合には、こう答えるであろう。

これは、わたしの絵ですよ

これらは「がの」「をの」という結びつきがないために生じる行き違いだ。「どなたをの絵」「どなたがの絵」と言いえないのは残念で、日本語の欠陥の一つである。

川端康成の『雪国』のはじめのところに、次のような「の」があるが、強引な結びつけ方であり、簡潔な表現である。

(1)　和服に外套の、駅長は……

(2)　手の明りを横に向けて……

サイデンステッカーの英訳では、(1)は the stationmaster who had an overcoat on over his Kimono と長い訳になっている。(2)は his lantern と意訳した。

俳句では、この手法を盛んに活用していること、第VI章(二六一ページ)に述べる。「の」は、用法がひろく、意味があいまいになるために、「―による」「―のための」のような言い方がふえて来たのは喜ぶべきである。

人民の人民による人民のための政治

などという言い方は、古い時代には言えなかったであろう。

「の」の連続

ところで、この「の」は、いくつでも続くことが出来る。次の最初の例は、「塔の上なる」の「なる」も、もし「塔」が三拍の言葉ならば「の」にしたであろう。

ゆく秋の大和の国の薬師寺の塔の上なる一ひらの雲　佐佐木信綱

天彰院様の御祐筆の妹の嫁入先のおっかさんの甥の娘　(漱石『吾輩は猫である』)

李御寧の『「縮み」志向の日本人』によると、朝鮮語には、この「の」にあたる助詞として nüen という格助詞があるが、日本語とはちがって、それを重ねることを避けるそうだ。韓国人は日本人の話を聞いていると、

――の、――の、――の……

と言っている印象を受けるという。

2　助詞「が」と「は」の問題

格助詞に関連して話題になるのは、副助詞の「は」が格助詞の「が」と紛れることで、日本語を外国人に教える時に外国人に一番理解させることが難しいものとして著名である。

話題を表わす「は」

「が」と「は」は、一般に、ともに主格を表わす助詞と考えられている。

私は日本人です
雨が降って来た

「私は」も「雨が」も、英語などに訳す時には、ともに主語として訳されるからである。しかし、「は」の方は、

昼飯はまだ食べていない

というような言い方があり、呼格にあたるものに「は」をつけることもある。「は」はその時の話題を表わす助詞である。

だから、「は」はずいぶん奇抜なもの二つを結びつける。

春は眠くなる
あしたの国語は、『徒然草』を持参せよ

源太君は、おじいさんが昨日なくなったんです

これは一雨降るな

「は」は話の題目をあげる記号で、そのあとには、それに関連したことはどんなことを述べてもいいのである。

相手の頭にあるか否か

一般に、格助詞は名詞および次の動詞句・形容詞句といっしょになって、一つの単語に「する」「だ」がついた形で言い表わすことができる。

本を読む→読書する　山に登る→登山する　金がある→金持ちだ

しかし、「は」はこうはならない。「本は読む」「金はある」を一語では言いかえられないというわけで、「は」は「が」とはかなりちがった性格の助詞である。

が、この二つがまぎらわしいのは、「は」も主格に立つ名詞につくことが多いからである。事実、子どもに昔話でもしようとすると、次のように、この「は」と「が」の区別が自然に現われるが、このちがいを説明しようとすると、ちょっと難しい。

昔々、あるところに山がありました。その山は木のよく茂った形のいい山でした。その山には一匹の狐が住んでいました。その狐は人間に負けないほど大変賢い狐でした。

普通の日本人が話し出すと、右のようになるが、なぜこうなるのか。注意してみると、「山」や「狐」がはじめて出て来た時には「が」がついている。二度目に出て来たときには

「は」がついている。これはこういうことだ。語り出す前は、相手の頭の中は、話を聞こうとするだけで、話の内容については、まだ、からっぽだ。その時は、「山が」と「が」をつけて言い、そうして、相手の頭の中に「山」が入ったなと見定めておいて、今度は、「山は…」というのである。「狐」についてもまったく同様だ。

「は」は話の題材を表わすので、相手に話をする場合、主題には相手の頭の中にあるものをえらぶのがいい。いきなり、相手に向かって、

きれいな山の中に住んでいた一匹の賢い狐は、……

と言ったのでは、相手がまごつく。「――が――」の文は、相手に予備知識を与えるために短く言う、登場人物の紹介や場面の設定のようなものである。そういう知識を与えて、そこで話をはじめようというわけである。

ところで相手の頭にあると見られるものは、前に述べた言葉だけではない。「あなた」という相手をさす言葉、これはすぐ、相手は自分のことだと思うはずである。「あなたのお父様」「あなたのおうち」……これらもすぐに相手にわかるはずだ。こういうものは話題としてえらばれ、「は」を付けて言うことが多い。それから「私」、これも、すぐ相手にわかるから題材にえらばれて「は」を受けることが多い。「吾輩は猫である」に「は」が用いられたのはそれである。それから、「この机」「この学校」あるいは、相手のものをさして「そのノート」「その

ペン」あるいは、「きょう」「きのう」などもさされるものがすぐ相手にわかるから、「は」を受けることが多いということになる。

そこへ行くと、

雨が降ってきた

のようなのは、「雨」という相手が意識していないことを伝えるわけだから、主格には「が」を用いるということになる。

あっ、鳥がいる　　あそこに富士山が見える

なども同様である。

「が」と「は」の区別はこのように言えば単純であるが、実際にはもっと複雑な事情がある。たとえば「私が――です」という場合もある。芥川竜之介の『手巾（ハンケチ）』の中で、長谷川先生の家を西山という生徒の母親が訪問して、初対面の挨拶をするくだりで、二人はこう言う。

「私が長谷川です」

「私は、西山憲一郎の母でございます」

グレン・ショウの英訳では両方とも、

"I am Hasegawa."

「私は」と**「私が」**

“I am Nishiyama Kenichirō's mother.”

で、同じ形になっているが、日本語ではちがっている。

なぜ日本語では、こういうちがいが起こるのか。相手との会話では、題目には、相手の知っているものを選び、相手にとって未知なものは、あとの説明の部分におくのが望ましい。西山夫人は思った。長谷川先生は自分が何者であるか御存じないだろう。長谷川先生は今私の顔を御覧になっている。そこでそれを題目にして、

「私は西山……」

と切り出した。一方、長谷川先生は思った。相手は自分の名前を知っていて、それをたよりにやってきた。長谷川先生というのはどの人だろうと思っているはずだ。そこで「長谷川」を題目にして、

「長谷川は私です」

としたいところだ。この「長谷川」と「私」との位置を交換すると、「は」が「が」になって、

「私が長谷川です」

となる。だから、この場合の「が」は、普通の「雨が降ってきた」「牡丹の花が濡れている」の「が」とちょっとちがい、強く発音される「が」だ。

総記の「が」

久野暲（すすむ）は、このような「が」を総記の「が」と言っている。ただし、「が」という助詞が特別にこういう意味をもっていると考えてはいけない。これに相当する意味は、ほかの助詞「を」でも「に」でももっている。

「君は何を食べる？」「ぼくはウナギを食べる」

「ウナギはいくらのにする？」「松にする」

などの「を」「に」はいずれも「ぼくが食べるのはウナギだ」「ぼくの注文するのは松だ」と同じ意味であり、強く発音される。いずれも総記の「を」「に」であって、それがたまたま「が」の場合に現われたのが「私が長谷川です」であり、そういう場合は、相手が知っているものでも「が」をつけて表わす。

大きくかかるか小さくかかるか

以上のように、「は」は題目を表わす助詞であるが、これは英語その他のヨーロッパの諸語にはないもので、日本語の文は、題目を掲げて述べるものと、題目なしに述べるものとに大別できることになる。一体に「は」は大きく文にかかり、「が」は小さく次の動詞・形容詞にかかるということも、その現われだ。

水谷修の例を借りると、

電車がおくれているようだけれども、もうそろそろ来るでしょう

と言った場合、日本人は「来る」の主格は、みんなが待っている人物だとすぐ思うが、外国人

は、「来る」の主格は電車だと解するという。「が」という助詞の及ぶ力は、「おくれている」のところまでで、「けれども」のあとまでは及ばないのである。

朝鮮語・ビルマ語など

主語を表わす助詞と話題を表わす助詞の区別をもっているものは、世界の言語で非常に少ないらしい。朝鮮語にはこれがあることが有名で、「社長は殺されました」は、「社長(サジャン) un 殺された」と言い、「社長が殺されました」は、「社長(サジャン) i 殺されました」と言い分ける(渡辺吉鎔(キルヨン)・鈴木孝夫『朝鮮語』)。

朝鮮語に次いで注意されるのはビルマ語である。ビルマ語には、ha, ka という二つの助詞があって、文脈によっては、日本語の「は」がビルマ語の ha、日本語の「が」がビルマ語の ka の位置に立つこともあるので、話題になる(『日本語教育』昭59・10 小林純子)。しかし、どうもビルマ語には題目を表わす助詞がたくさんあって、ha も ka も、そうしてさらに san という助詞もそれであり、主格を表わす助詞はないのではないかと思われる。助詞をつけなければ日本語の「が」にあたり、これらをつければ「は」になるというところだろうか。

それから注意されるのは中国語で、ここでは、「客が来た」は、

来客人了

と言い、「客は来た」は、

客人来了

というように語順のちがいで表わす。

われわれは漢文を習った頭で、中国語でも主語は、動詞より前に来るもののように漠然と思っていた。が、存在とか出現を表わす動詞の主語は、動詞のあとに来る。「有山有河」「立春」「下雨」などがそれだ。

来客人了

もその例で、これが「が」の格である。

この中国語に似たものが、ヨーロッパ語の中にもあるそうだ。ロマンス語に属するイタリアのジェノヴァ地方の方言でこの区別が出来ることを黒田成幸が紹介しており、

(1) Kがその魚を売っている
(2) Kはその魚を売っている

を、動詞を先にもっていって、

売る・定冠詞・魚・定冠詞・K

という順序に並べれば(1)の意味になり

K・定冠詞・売る・定冠詞・魚

という順序に並べると(2)の意味になるという(『岩波講座・日本語』1)。

しかし、どっちにしても珍しい例で、日本語のこの「が」と「は」の区別は誇ってよい。

五　動詞の形態と種類

1　動詞の形態

叙述性

世界の言語は、千差万別である。が、サピアに言わせると、動詞のない言語はないという。エスキモーのある言語には、動詞が一つしかない言語もある。そのたった一つの動詞は、「――が行われる」という意味の動詞だそうだ。だから、「降雨」という名詞につけば「雨が降る」という意味になり、「立春」という名詞につけば「春になる」という意味になる。この動詞一つでどんなセンテンスでも作れるというわけで、たった一つしかなくても、これが非常に重要な力をもっているわけである。

動詞の意味は何か。もともと動詞は「動作・作用を表わす」という考えがあった。たとえば、戦前の権威ある辞典『日本文学大辞典』(新潮社)の「動詞」の項の解説も、この考えによって書かれている。が、これでは無造作にすぎた。動作・作用を表わすというならば、「釣り」とか「眠り」とかいうような言葉でも、りっぱに動作・作用を表わす言葉である。「釣り」と「釣る」とはちがう。「眠り」と「眠る」とはちがう。「釣る」の意味は「釣り」に対して、プラスαである。このプラスαが動詞を動詞たらしめるものである。このプラスαは何か。

用言のプラスαの本質をもっともすっきり説いたのは、橋本進吉だ。橋本は、ひろく動詞でも形容詞でもその意味を、動作または属性プラス〈叙述性〉だと説いた（『国語法研究』）。

叙述性とは、動詞の場合は「その動作が行われる」という意味のことだ。形容詞の場合は、「あるものがその属性を有する」という意味のことだ。この説き方は、動詞のすべての活用形にわたっていえる点で非常に都合がいい。筆者はこの見解に従う。つまり、動詞の動詞たるゆえんは、この叙述性にあるということになる。

日本語の動詞は、他の品詞に属する語に対して著しい形態をもつ。特殊な語形変化をするということもそれであるが、それについては後にのべる。言い切りの形をとってみると、動詞として共通の形をもっている。すなわち、〜u, 〜iru, 〜eru, 〜uru で終るというのがそれだ。

世界の言語の中には、動詞の語尾がきまった形をもつものともたないものとがある。英語や中国語は、きまっていない方だ。「顔」とか「手」とかいう意味の名詞 face や hand は、そのままの形で「面する」とか「渡す」とかいう動詞になる。日本語の動詞はドイツ語やフランス語とともに、きまった語尾をもつ部類に入る。どうしてこのようなことになるのか。これは、日本語の動詞が語形変化をすることと関係がある。

そもそも、語形変化ということはその言語の使用者にとって記憶上の負担である。それならば、語形変化はなるべく規則的であることが望ましい。そのために、同じ機能をもつ語は同じような形をとることが要求される。ドイツ語の動詞の語尾が、~en, ~ern, ~eln で終わり、フランス語の動詞の語尾が、~er, ~ir, ~oir, ~re で終るのはそれだ。日本語の動詞で言い切りの語尾がきまった形で終わるのもそれだ。

動詞の変化形とは

日本語の動詞は語形変化をする。いわゆる〈活用〉がそれだ。現在、中学校の国語教科書に載っている動詞の活用については、皆さんも御承知であろう。が、もし、日本語を世界のほかの言語と比べた場合、日本語の動詞はどんな語形変化をすることになるか。服部四郎は、前に述べたような(四九ページ)一般言語学的な立場から、独自の単語の切り方を提唱した(『言語研究』昭25・11)。

その見方を適用すると、学校文法の動詞の活用形のうち、単独で用いられないものはすべてあとについたものといっしょになって、全体が動詞の変化形となる。たとえば「書いた」と言う形は、そのうちの「書い」という部分は独立して使われることがないので、「書いた」全体が一語で、全体が動詞の変化形の一つとなる。

このような見方に従うと、動詞の変化形にはどんなものがあることになるか。そして、それはどのように分類されるか。その形態・機能を基準にして分類すると次ページのようになる。

これらのほかに、ふつう動詞プラス助動詞と言われるものに、「書きます」「読みます」の類があるが、これはちがう文体に用いられる形で、右のいずれにも入らない。これはこれで、「書きます」「書きません」「書きました」……「書かれます」……のように変化する別の文体の形である。これはちょうど「起きる」に対して「起く」という、いわゆる文語という文体の形があって、別に変化するのと同じようなものである。

(1) それ以上変化しない形（＝一つしか機能をもたない形）（＝活用形）
- (a) 文の最後に用いられるもの
  （終止形の）書く、書け、書くな、書こう、書くまい
- (b) 文の途中に用いられるもの
  書いて、書き、（連体形の）書く、書けば、書いたり
- (c) 助詞の類をつけて用いられるもの
  書きそう、書きかけ

(2) さらに変化する形（＝二つ以上の機能をもつ形）（＝派生形）
書いた、書かせる、書かれる、書きたい、書かない、書ける

語形変化の多さ

欧米人にとって、日本語の動詞の変化は難しいものとされている。たとえば、日本語の動詞には希望態があるなどと珍しがられている。「書きたい」という形がそれだが、ほかの言語にはないかも知れない。また、使役態の受動態があるなどと不思議がられている。「書かせられる」という形がそれだろう。「書かせられる」には、さらに「—

た」がついて、「書かせられた」となり、その変化として「書かせられたろう」というようなものまで出てくる。このようなものを数えると、日本語の一つの動詞の変化は、普通の文体が一六〇ぐらい、デス・マス体のものが四〇ぐらい、あわせて二〇〇ぐらいになりそうだ。しかし、ハンガリー語の動詞は三四二の変化をするそうだ。一番多いところでは、中米のグァテマラに住む原住民の言語では何千という語形変化をするそうだ(M・ペイ『言葉の話』)。

日本語の動詞の変化のうち、〈活用形〉と称したものは、朝鮮語やアルタイ諸語とよく対応することが注目されている。日本語の動詞は、語形変化をするといっても、規則は比較的簡単である。学校文法でいう五段活用とか、上下一段活用とかいうちがいはあるが、それほど複雑なものではない。ラテン語・ギリシャ語、あるいは現代のフランス語やロシア語に比べれば、むしろ単純である。

変化形の種類

右にあげた二類四種の変化形は、形の上で対立するばかりでなく、意味の上でも対立する。

すなわち、(1)の(a)は、その動詞固有の意味のほかに、話し手の主観をも込めて表現する形である。たとえば、「書く」という動詞は、本来の「書写」という意味と「そういう動作が行われる」という叙述性との複合だ。「書け」は、さらにその上に「それを我は今命じる」という主観をプラスした意味をもつ。つまり、この(1)の(a)の形は、意味から言って、「書くよ」「書くね」「書くわ」など、「書く」という動詞にいわゆる終助詞がついた形と同等のものであると言っていい。「書け」は大野晋の説によると動詞＋終助詞だという(『国語と国文学』昭28・6)。三上章は(1)の(a)の形をシャルル＝バイイの術語でいう動詞の「モドゥス」(modus)であると言った(『現代語法新説』)。いわば〈主観表現〉だ。いわゆる終止形の「書く」も主観表現の一つで、動詞「書く」には、このほかに、原形の「書く」がある。

(1)　心に思ったとおり書くということは難しい　(原形)

(2)　彼は手紙を日に二、三十通ずつぐらい書く　(終止形)

英語なら(1)は to write、(2)は (he) writes と言い分けるところだ。(2)は(1)に「断定」という主観的な意味が加わっている。(1)はデス・マス体にならないが、(2)はデス・マス体になる。

次に一〇〇ページにあげた表で(2)にあげた形は、

書いてしまう、書いている、書くかもしれない、書きかける、書こうとする、書くつもりだ、書くはずだ、書かなければならない、書くところだ

のような、動詞に補助動詞・補助形容詞の類がついたものに似ている。これらは動詞の表わす属性の意味に、「□という作用が行われる」「□の状態になる」のような意味が加わる。この□の部分がいろいろに変わるのである。新しい意味が付加されるという点では、(1)の(a)と同じであるが、付加された意味が客観的な意味であり、全体が動詞の原形と同じく叙述性をも

っている点で(1)の(a)とはちがう。バイイの「ディクトゥム」で、〈客観表現〉だ。

主観表現・客観表現の区別は、早く松下大三郎の『標準日本文法』の感動詞の項にはじまる。松下は、感動詞と感動助詞のみを主観表現の語とした。時枝誠記は、有名な「詞辞分類」の論を提出して、すべての助詞・接続詞、大部分の助動詞と副詞を主観的表現にくり入れて「辞」と称し、それ以外を「詞」と称した。筆者はそれに対して、感動詞、感動助詞、係助詞(大部分)、助動詞と言われているもののうち「う」「よう」「まい」、それから動詞の命令形だけを主観表現とし、あとは客観表現とした。

主観表現は、主として言葉の切れるところに使われるのが原則で、「ぞ」「こそ」のような助詞は言葉の途中に使われるが、あとにそれを受けて切れる言葉が用いられる。客観表現は、言葉の途中に用いられるのが普通で、ことに名詞を修飾する言葉の中にも用いられる、というちがいがある。

一〇〇ページの表で(1)の(c)の形は、形態・用法ともに、

書くのに、書くまで、書きも(しない)、書き書き

のような、動詞に副助詞や係助詞の一部がついた形、くり返しの形に似ている。意味もまったく同様である。これらは、

「動詞の意味」+「付加的な副詞的な意味」+「次に来る他の語に対するこの動詞の関係」

を表わす。話し手の主観の要素を欠くという点では、(2)の語句と同じである。最後に(1)の(b)は、次に助詞・助動詞の類がつき、その助詞・助動詞の助けをかりて、やはり、種々の客観表現を表わす。

以上のうちで注意すべきものは、(1)の(b)の「―て」の形と(1)の(c)の連用形とである。この二つは、接尾語の類いや、補助動詞の類いをつけて動詞の客観諸表現を表わすのに用いられる。

2　動詞のさまざまな分類法

日本語の動詞の分類はいろいろな立場からできる。形態による分類としては、〈単純動詞〉と〈複合動詞〉に分かれる。

単純動詞と複合動詞

「書く」「読む」等が単純動詞であり、「勉強」とか「運動」とかは、それだけではあまり働きがないが、スルという語をあとに従えて、「勉強する」「運動する」となれば、単純動詞同様に、自由に多くの意味に使われる。必要に応じて、「する」を「させる」「できる」「なさる」などに取り換えて使うことができる。「書く」「読む」の類いはこれができない。「書く」「読む」の類いをワンピースとすれば、「勉強する」「運動する」の方はツーピースだ。この関係は、形容詞と呼ばれる「白い」「赤い」「大きい」「小さい」対、形容動詞と呼ばれる「静かだ」「賑やかだ」「元気だ」「活潑だ」の関係に似ている。

自動詞と他動詞

しかし、動詞の分類の中でいちばん一般的なものは、〈自動詞〉〈他動詞〉の分類である。「並ぶ」対「並べる」、「はじまる」対「はじめる」のような、明瞭な語形の対立の例があって、日本語にも自動詞・他動詞の区別はかなり明瞭である。

窓が明けてある
窓が明いている

のような二つの言い方の説明には、自動詞・他動詞の別に言及しなければならない。

三上章は、すべての動詞は、まず〈所動詞〉と〈能動詞〉とに分かれ、能動詞の一種に他動詞があると考えた。自動詞とは所動詞、および能動詞のうちの他動詞でないものの併称で、すなわち、この三つは次の関係にあるとする（『現代語法序説』）。

(1)　所動詞で自動詞　　ある、できる、要る、見える、聞える
(2)　能動詞で自動詞　　いる、行く、来る、泣く、立つ、坐る、死ぬ
(3)　能動詞で他動詞　　殺す、打つ、聞く、見る、ほめる、叱る

このうち、(1)は受動態を作ることのできないもの、(2)(3)は受動態を作ることのできるものであるが、そのうち(3)の方はまともな意味の受動態を作ることのできるもの、(2)の方は、はた迷惑をこうむる意味の受動態を作るものだという。この説の強みは、（誰それに）傍にいられて、うっかり軽口もきけない

前に立たれて相撲が見えない

のような、自動詞の受動態というものをたくみに解釈している点にある。

なお三上の立場に従うと、〈「を」を受けない他動詞〉というものが出てくる。

女が男に惚れる　犬が人に噛みつく

の「惚れる」「噛みつく」は、まともな受動態が作れるというわけで、他動詞になる。

また、ヨーロッパ語の他動詞のうちには、直接目的語・間接目的語の二つを有する動詞と呼ばれるものがあるが、日本語では、松尾捨治郎により、

友に近著を贈る

我には許せ敷島の道

の「贈る」「許す」のような語がそれだとされている（『国文法概論』）。意味はすべて授与の意味を表わす動詞で、間接目的語は人または人に準ずべきものである。

意志の有無からの分類

次に、金田一京助は、動詞を〈意志動詞〉と〈無意志動詞〉に分ける。そして、

(1)　やれ打つな蠅が手をする足をする

(2)　倒れて膝を打つ

の二つの「打つ」はちがう、(1)の「打つ」は意志による動作を表わし、(2)の「打つ」は意志によらない動作を表わすとする（『新国文法』）。日本語で次のような語は二つの動詞を兼ねている。

棒で柿の実を落した　　意志動詞
電車で蟇口を落した　　無意志動詞

猫いらずをしかけて鼠を殺した　　意志動詞
バント失敗で無死のランナーを殺した　　無意志動詞

この分類は、動詞につくいわゆる助動詞の意味を説明する場合に都合がいい。動詞＋「うとする」という形には、(1)そういう意図をもつことを表わす場合と、(2)そういう事態に近づくことを表わす場合とがある。が、意志動詞についた場合には(1)の意味になり、無意志動詞についた場合には(2)の意味になる。

(1)　猟師がキジを打とうとしている
(2)　時計が二時を打とうとしている

大野晋は、中古以前の助動詞「ぬ」と「つ」のちがいを、一方は意志動詞につくことが多く、一方は無意志動詞につくことが多いと断じた(『国語学』)。

「ている」をもとにした分類

さらに、動詞の「―ている」という形を考えてみると、日本語の動詞は四つに分かれる。このうち、(4)を追加したのは、筆者の案(『言語研究』昭25・11)であるが、(2)(3)の区別はすでに、松下大三郎(『標準日本文法』)・佐久間鼎(『現代日本語の表現と語法』)が説いている。

(1) 状態動詞　「—ている」の形をもたない。例＝ある、いる、できる、泳げる、赤すぎる

(2) 継続動作動詞　「—ている」の形をもち、動作が進行中であることを表わす。例＝読む、書く、歩く、走る、降る

(3) 瞬間動作動詞　「—ている」の形をもち、動作が完了したあとであることを表わす。例＝はじまる、終る、死ぬ、結婚する

(4) 状態を帯びる意味の動詞　いつも「—ている」の形で使われ、ある状態にあることを表わす。例＝似る、聳（そび）える、才気走る、坊ちゃん坊ちゃんする

この分類は、動詞にいわゆる助動詞・補助動詞がついた場合に効力を発揮する。たとえば「—ている」という形については上に述べたが、「—た」という形を考えてみると、「—た」が回想を表わすと言われるのは、すべて(1)の動詞の場合である。

おれにはお前という強い味方があった　（国定忠治のセリフ）

また、「—た」が属性所有の意味をもつというのは、(4)の種類の動詞についた場合である。

尖（とが）った(＝尖っている)帽子　　私に似た(＝似ている)人

この分類は、「—てしまう」という形における意味のちがいにも関係をもち、(1)(4)の動詞には「—てしまう」の形がなく、(2)の動詞のこの形は「—し終る」の意になり、(3)の動詞の形は、

「起こったら重大な結果になり、もとへは返らない」というような意味になる。

他の言語にあてはめてみると、英語などは、(1)に属する動詞が日本語に比べて多いようだ。live は「住む」とちがい「住んでいる」という(1)の動詞であり、have, keep, like, love, want, wish, know……など多くの動詞が、(1)の動詞である。日本人が、中学校の英作文で、

I am living……

などとやって叱られるのは、この動詞を(2)の動詞と誤解するせいである。

この分類を、その前の分類と対照すると、日本語では(1)状態動詞、(3)瞬間動作動詞、(4)状態を帯びる意味の動詞には自動詞・無意志動詞が多く、(2)の継続動作動詞にはしばしば他動詞があり、意志動詞が多いという関係が認められる。

(1)　ジャンケンで鬼をきめる
(2)　ジャンケンで鬼がきまる

(1)は、他動詞・意志動詞であるが、これは継続動作動詞に属し、(2)は自動詞・無意志動詞に属し、瞬間動作動詞に属する。ジャンケンの動作をはじめれば、すでにキメル過程に入っているが、キマルといわれるのは最後の一瞬のことである。

池上嘉彦が『「する」と「なる」の言語学』にあげた、次の矛盾のようにみえる例は、他動詞が継続動作動詞、自動詞が瞬間動作動詞のせいである。

燃やしたけれど、燃えなかった

また日本語には、「―した結果になる」の意味をもつ動詞、いわゆる〈中相態動詞〉が多いことが著しいが、これについては、第一二節で述べる。

尊敬態動詞

また、日本語には動作者に対する尊敬態の意味を含む動詞は数が多く、「いらっしゃる」(=「行く」「来る」「いる」に対する)、「おっしゃる」(=「言う」に対する)、「くださる」(=「くれる」に対する)、「なさる」「遊ばす」(=「する」に対する)などがある。ただし、これらは、次のものに比べると、尊敬態動詞のうちの、とくに、〈主格尊敬態動詞〉と呼ぶべきものである。

主格尊敬態動詞は、〈対格尊敬態動詞〉に対するもので、対格尊敬態動詞には、「差上げる」(=「やる」に対する)、「拝見する」(=「見る」に対する)、「いただく」(=「もらう」に対する)、「うかがう」(=「聞く」に対する)などがある。これらはふつう謙譲態の動詞だと説かれているが、動作の対象が尊敬すべき人でなければ使わないこと、四〇〇年の昔にロドリゲスが『日本大文典』で喝破したとおりで、これは一種の尊敬態動詞である。〈謙譲態動詞〉というべきものは別にあり、「参る」(=「行く」「来る」に対する)、「いたす」(=「する」に対する)などの類いは、これも謙譲態の動詞と言われているが、これは上巻(二六ページ)に述べたように、荘重語ともいうべきものである。

六　動詞のテンスとアスペクト

日本語とテンス

西欧語の文法書で、日本語の文法が不精密だと批評されるものの一つに、動詞のテンス(時制)の問題がある。いわく、英語には現在完了・過去完了の形があるが、日本語にはそれがないではないか。たとえば、「—た」は過去の形を表わすというが、

ジャンケンに負けたものが使いに行くことにしよう

と言うときに、まだジャンケンをしていないからには、未来のことではないか。それを「負けた」というとは何事か、と言う人があるのである(上甲幹一編『日本人の言語生活』)。また、「曲った道」というけれど、その道は別に前はまっすぐだった、それがある時に何かの加減でぐにゃっと曲ったというわけではないから、おかしいではないか、というのである。

そうそう、今日は、ぼくの誕生日だった

さあ、どいた、どいた

よし、おれが買った

なども、ちっとも過去のことではないではないか、というわけである。

しかし、決して日本語にテンスのきまりがないわけではない。

彼はいつも七時に起きる

に対して、

彼はきのう六時に起きた、

というのは立派な過去の言い方で、筆者は、日本語のテンスはかなりしっかりしたもので、過去の形も完了の形もきっちりときまっていると思う。が、まず全般的に注意していただきたいことを述べると、「―た」を論じるような場合、終止形と連体形とがそなわっている形について論じるべきで、そのうちの一つの用法しかないものは、特別のものとして除外して考えるべきだということである。

さまざまな「た」

右にあげた中で、「そうそう、今日は……」以下の三例はいつも終止形だけが用いられる言い方で、たとえば、「そうそう、今日は……」の例は、「ぼくの誕生日だった今日」という連体的な言い方に変えることはできない。これは「忘れていたことを想起した」という意味のいわゆる〈主観表現〉の言い方だ。「どいた、どいた」は命令の表現、「おれが買った」は決意を表わし、これらも〈主観表現〉だ。つまり、文末助詞の用法に近いものに転向した用法である。

「曲った道」は、「尖った山」「親に似た息子」など例が多く、これらは、「あの道は曲った」というような終止形はない。もし言えば「あの道は曲っている」である。このようなのは「曲って見える」というような連用形はあるが、終止形はないから特別のものと見ていい。これは状態を表わす「—た」と解される。

はじめの「ジャンケンに負けたものが……」の「—た」は、「負けて使いに行った」とか「負けたら使いに行かなければいけない」のように、連用形と仮定形はあるが、「ジャンケンに負けた。」という終止形はない。もし、「ジャンケンに負けた。」と言ったら、現実に負けたのであって、われわれが今論じようとしている正式の「—た」の方の例だ。この「ジャンケンに負けたものが……」の「負けた」は、次に「使いに行く」という動詞がある、この動詞の表わす動作よりも、その動作が「以前」であることを表わすもので、これは過去ではなくて、〈以前〉を意味する「—た」だということになる。そうして「ジャンケンに負けた。」と終止形に使われる「—た」、これは英語にすれば、"I lost the Janken Game." で、まさしく過去を表わすもの、テンスを表わすものだ。これは、

ジャンケンに負けたきのうは、ろくなことはなかった

のように、連体形もそなえた「—た」、テンスの「—た」である。もっとも、これには連用形と仮定形はないらしい。以上を整理すれば次のようになる。

過去の「—た」　終止形・連体形がある。
以前の「—た」　連体形・連用形・仮定形がある。

状態の「―た」　連体形・連用形がある。

想起・命令・決意の「―た」　終止形しかない。

過去の「た」完了の「た」

以上のように日本語には過去を表わす「―た」があるが、それでは完了を表わす形はないか。筆者はかつて、一つの原辞の意義はなるべく少なく考えようという考えにとらわれて、以前も過去も完了も同じに解釈しようと苦しんでいたが愚かだった。完了を表わす「―た」は、たしかに別にある。

これに気づいた人は寺村秀夫で、彼によると、

(1)　もう昼飯を食べたか
(2)　きのう昼飯を食べたか

の「た」は別のものだというのである。どうしてかというと、これらに対して肯定の答えは言うまでもなく「食べた」だが、否定の答えはそれぞれ、

(1)′　いや(まだ){食べていない / 食べない}
(2)′　いや食べなかった

となる。つまり、どっちの「―た」であるかは、観察者たる文法家の頭の中だけにある区別ではなくて、実際に話し手と聞き手との間で了解されているのだと言うのである(『日本語のシンタクス』Ⅱ)。同じ「―た」である点が紛らわしいが、たしかにこの二つは日本語にある。

その区別は、一般の動詞についた時には、前後の文脈によって判断しなければならないが、たとえば状態動詞、あるいはすべての形容詞の「―た」の形、「―ない」の形についた「―た」の形はいつも過去の方で、完了の「―た」ではない、と言える。

次に、過去形というと、フランス語などは、近い過去を表わす形とか、遠い過去を表わす形とかいろいろあって精密である。しかし、こういうものはもともと未開人の言語に多いこと、名詞の数の区別などと同様である。アフリカのキクユ語においては、「きのう以前のこと」「きのうのこと」「きょうの早い時刻に起こったこと」「たった今起こったこと」の四つを区別するという(『言語』昭51・12)。

過去形の不使用

それから日本語の過去形は、過去のことはいつでも過去形で表わすとは限らないことが、批判の対象になる。

森鷗外の作品で、次のような文章の「さしている」「天気である」「はかどらない」などは過去の事柄であるが、形は過去形になっていない。

ちょうど岩のおもてに朝日が一面にさしている。安寿は、畳(かさ)なりあった岩の、風化した間に根をおろして、小さいすみれの咲いているのを見つけた。そして、それを指さして、厨子王に見せて言った。「ごらん。もう春になるのね」(『山椒大夫』)

翌朝、知県に送られて出た。きょうもきのうに変らぬ天気である。……道はなかなかきのうのようにははかどらない。途中で昼飯を食って日が西に傾きかかったころ、国清寺の三門に着いた。（『寒山拾得』）

右のように、動詞を「見つけた」「言った」「出た」「着いた」のように過去の形にしたものと、「さしている」「天気である」「はかどらない」のように非過去の形のままのものとある。不整一と言えば不整一である。が、ここにもおのずからきまりがある。

そもそも動詞には、意味から考えて、二種類のものがある。何か、ある現象が生起することを表わすものと、ある状態にあることを表わすものと。右のような文章で〈非過去〉を使ったのは、ある状態にあることを表わすものだ。「ある」「いる」という動詞はそれだ。「はかどらない」も、これが「はかどる」ならば現象の生起の動詞であるが、「はかどらない」と打消しの形になれば、状態を表わす動詞に入る。〈現象〉の方は、生起するかしないかで、大きなちがいができる。そこで、こっちは、すでに起こったことは、〈過去〉の形にする。が、〈状態〉の方は、元来時間的に長いもので、したがってあとまで続くものであるから、いちいちその状態が終わったことを報告することもない。そこで非過去の形にしているのである。

つまり、日本語のセンテンスで、すべての末尾の動詞を〈過去〉の形にしないのは、それでまちがいを起こす心配がないからである。その上、センテンスの終わりの単調さをきらう人にとっては、〈過去〉の形・〈非過去〉の形の混用は、文章に変化を与える効果もある。

未来形

さて、テンスというと、〈現在〉〈過去〉の他に〈未来〉を考えたくなる。エスペラントの動詞で amas と言えば、現在愛する意であり、amis と言えば、過去において愛した意味であり、amos と言えば未来において愛するの意味だという。しかし、現実の言語では、このような整った三つのテンスをそろえてもっているのは少ないようだ。英語では、shall という動詞が I shall ……というような文脈に限り、比較的純粋に未来を表わすそうであるが、ただしこれはいつも主語は I に限られ、特殊な場合だ。

こういう稀なものを探すならば、日本語にも、未来を表わす形が全然ないわけではない。

もうじき、春になろうというのに

の「―う」の形がそれだ。ただしそれはごく限られた文脈にしか現われない。また、

坐るべき場所がない　言うべき言葉を知らない

という「―べき」の形もこれに近いが、これは、「坐るべき場所がなかった」というような形があるところから見て、未来を表わすというより、〈以後〉を表わす形と言うべきもののようだ。前に述べた〈以前〉を表わす形に対応するものである。以上の〈未来形〉〈以後形〉は、ともに連体形しかない。

テンスのない言語

テンスの区別のない言語としては、中国語とアラビア語が知られている。『論語』に「子曰……」とあり、現代語は「孔子説」となるが、これを孔子がしゃべったの

は過去のことだと言い換える方法はないそうだ。

日本語では、「子曰」に当るところは、「孔子は言った」、あるいは「孔子は言っている」というのが普通である。「言った」は過去のことだという表現であり、「言っている」の「いる」は現在であるが、「て」は以前を表わす「た」の連用形で、つまり、過去に言った言葉が今残っているという意味であり、りっぱにテンスの表現がある。

古典時代の日本語には、完了を表わす語として、「つ」「ぬ」があり、過去を表わす語として「き」「けり」があったと言われる。この「つ」「ぬ」は、「―してしまう」の意味に使われることもあり、「き」「けり」が想起とか、単なる感動の意味に用いることもあった点で紛らわしかったが、とにかくこの二つを区別して言えた。それが現在は「―た」という形だけになってしまったのは日本語の退歩だった。

進行形

次に、テンスから離れて、アスペクトの問題に入るが、英語などにおける進行形とか現在完了・過去完了の形は日本語ではどうなっているか。

まず、進行形であるが、

太郎は本を読んでいる　　花子は手紙を書いている

の「―ている」は、英語の "Taro is reading a book." "Hanako is writing a letter." の be＋ing に相当し、これは事柄の〈進行相〉を表わす。イェスペルセンは『英語の生長と構造』の中で、英語のこの言い方を、驚くべき的確な、かつ論理的に貴重な区別と激賞しているが、これが日本語にあることは結構なことである。ドイツ語やフランス語にはないそうで、「手紙を書いている」という言い方は、「手紙を書く」という言い方とは区別がないという。

現在完了形

次に現在完了形であるが、英語の現在完了形には二種類のものがあり、"The sun has set." は完了したことを表わし、日本語にすると、

陽（ひ）が沈んだ、

になる。もう一つ、"The sun is set." というのは完了したあとだという一種の状態を意味している。松下大三郎が〈既然相〉といったものだ。

日本語では、前のものは「―た(だ)」で表わし、あとのものは、

陽が沈んでいる

という形、つまり、進行相と同じ形で表わす。これは紛らわしいが、動詞のところで述べたように、「書く」「読む」のような、ある時間かかって行われる動作に対して言う時に進行中であることを表わし、「陽が沈む」「電灯が消える」のように瞬時に終わる現象について言う時は、それが終わったあとの状態であることを表わすから、実際には、それほど混乱は起こらない。「て(で)」はもともと以前を表わす「た」の連用形であるから、既然相の意味に用いる方がもとで、進行相に用いるのは正しくないはずだ。

なお、ついでに日本語の「―ている」には、以上の進行相・既然相のほかに、さっき述べた、「あの道は曲っている」の「―ている」がある。これは全体が状態を表わすとしか言いようのないもので、もう一度例をあげれば次のようなものだ。

虎は猫に似ている　山が向こうに聳えている　あの人は坊っちゃん然としている

「―た」に種類が多いが、「―ている」にも三つのものがあることになる。

過去完了形

それでは次に、英語などの過去完了の表現、あれは日本語ではどうだろうか。これも日本語でちゃんと表現できる。ただし、連体形を使う場合と、終止形を使う場合とでちがう形になるからややこしい。

今、Aが午後三時に新幹線のひかり号で広島駅に着いた。その列車は東京を午前一〇時に発車したものだったとする。

英語では、この場合に、東京駅を一〇時に出発したことを過去完了形で表現するはずである。日本語ではこれを、

Aは東京駅を一〇時に発車した列車で、午後三時に広島に着いた。

というが、これでいいのである。この「発車した」の「した」が広島に着いたより以前であることを表わしているからだ。

「発車した」では、ただの過去ではないかというかもしれない。「着いた」の方は過去形だ。

「発車した」の「―た」は連体形で、〈以前〉を表わす形で、ここで「着いた」より、それが以前であることを表わすのである。同じ「―た」で紛らわしい、けしからんという声がかかるかもしれないが、これが英語の過去完了にあたるものを表わす日本語の形である。

終止形の場合はちがう。「以前」を表わす「―た」には、終止形がない。そこで、

Aは午後三時に広島駅に着いた。その列車は午前一〇時に東京駅を発車して*い*た。

となる。「発車する」は瞬間に行われる現象である。それに「―ている」がつくと、既然相の言い方になる。それの過去形を使えば、これは過去における既然相となって、これは英語の過去完了形を表わすことになる。

要するに、日本語にも、過去形・完了形があり、進行相・既然相があり、過去完了形もいちおう皆そなわっているのである。ただし、それを表わすものが「―た」「―ている」の組合わせなので紛らわしく、整然とした体系になっていないだけだ。しかし、われわれは結構それで用を足しており、それほど不自由を感じていない。

のみならず、日本語で過去形と既然相とがはっきりしていることは、英語などではできない区別をすることがある。寺村秀夫の例を借りるが、英語ではこんな文があるという。

The door *was shut* (1) at six when I went by, but I don't know when it *was shut* (2).

この二つの was shut は、意味がちがうはずである。(1)の方は状態を表わし、(2)の方は事態

の変化を表わす。日本語ならば、りっぱに言い分けることができる。(1)の方は既然相の過去形で表わし、(2)の方はただの過去形で表わすからだ。

六時ごろ通りかかった時に、ドアはしまっていたが、いつしまったのかはわからない。

われわれが過去の「―た」について困ることは、過去の「―た」を使ってその意味で言葉を途中で止めることができないことで、これは不便である。打消しの言葉は「降らない」といえば、そこでセンテンスが終わり、センテンスの途中なら

「た」の不都合な点

ば、「雨も降らず、風も吹かない」というような言い方がある。「―ず」と言えば、打消しの意味をこめ、しかもセンテンスがまだ続くという意味をも表わすことができるが、日本語の「―た」にはこの形がない。昔はそういう意味を表わす形があった。過去の形ではないが、完了の形があった。「―て」という形である。ところが、現在の「て」にはその意味はなくなってしまった。たとえば、漱石の『坊っちゃん』の中にもこんな文がある。

清はさっそく竹の棒を捜して来て、取って上げますと言った。

ここで清はまず竹の棒を捜して来たのであろう。そうして「取って上げます」と言ったのだろう。しかし、清が、「竹の棒を捜して来て、取って上げます」と言ったとしても、同じ文章になる。もし「―た」に連用形があったら「捜して来て」の最後の「―て」にそれを使って、誤解のおそれのない文章を書いたであろう。

七　動詞のヴォイス

ヴォイス　ただの「読む」に対して、使役を表わす「読ませる」、受身を表わす「読まれる」というような言い方、これを動詞のヴォイス(態)の変化という。日本語は、ヴォイスの変化は言い分けがしっかりしている。

メイエ、コーアン共編の『世界の言語』の中では、日本語についてはロシア出身の言語学者イェリセーエフが担当紹介しているが、そこで彼は、日本語には一つの動詞の受動態の使役態があることを珍しがっている。これは、「打たれさせる」というような形のことだ。イェリセーエフは、これを「打つ」という動詞の派生形で、全体を一語と見た。こういう言語は地球上に少ないものと見える。

古代の中国語などはヴォイスの区別がはっきりせず、たとえば、「漁父の辞」の巻頭の文は、

屈原既放

である。これは屈原が何かを放ったのかと思うと、「屈原既ニ放タレ……」という受動態の意だという。漢字を四字ずつに並べたいために、こんな文が出来たというが、これでは、能動と受動とがごちゃごちゃだ。

中国語のこの傾向は現代にも持ちこされ、「叫」とか「譲」とかいう補助動詞は、受動態と使役態とに共用されるという（『日本語学』昭60・4 牛島徳次）。

受動態

日本語の受動態は、いわゆる動詞＋「れる」「られる」の形で作られる。日本語の受動態についてよく言われることは、次の二点だ。一つは、主格が非情物の場合に受動態を用いることは古い時代には例が少なかったことである。

(1) 彼は先生に叱られた

(2) 彼は犬に吠えられた

(3) 式場には白砂がしきつめられ、紅白の幔幕（まんまく）がはりめぐらされていた

のうち、(3)のような言い方は、明治以後、ヨーロッパ式の言い方の輸入の影響で盛んになった。

にくきもの……硯に髪の入りて磨られたる……（『枕草子』）

奥津敬一郎は、こんな例をあげたが、これは稀少な例の採集だ（『国語学』昭58・3）。

可愛がられたタケノコが斬られて割られて……（俚謡「三階節」）

のような例は擬有情物的な表現である。

英文を読んでいると、日本語より受身の言い方が多いように感じられる。「喜ぶ」「おもしろがる」「怖がる」「呆れる」「疲れる」「驚く」などが受動態で言われるせいであろうか。また、無生物の主語の受動態が多いせいだろうか。

自動詞の受動態

日本語の動詞の受動態について、もう一つよく言われていることは、自動詞にも受動態があることである。

次の例の「泣く」「降る」は自動詞だ。

子どもに夜泣かれて眠れなかった

雨に降られてカンカン娘

この受動態は「先生に叱られる」「幔幕がはりめぐらされる」などの受動態と、少し意味がちがう。「叱られる」「はりめぐらされる」の方は、主格がその動作・作用を直接受けるが、「泣かれる」「降られる」の方は間接に受ける。そうして、この間接の受動態は、何か迷惑を受ける意味を表わすことが多い。純粋の受動態ではなく、〈被害態〉とでも言うべきものだ。

しかし、これは東アジアの諸言語によく見られ、特に珍しいものではない。中国語でも、

被孩子吵了(子供に泣かれる)

被雨淋了(雨に降られる)

などという。インドネシア語という言語は、受動態の言い方の好きなこと、日本語以上で、

途中で太陽に沈まれた

夜に明けられた

というような言い方もできるという(『日本語学』昭60・4　正保勇)。

日本語は、自然物による受身の言い方は普通ではない。「雨に降られた」は特例で、雨を擬人化しているのかもしれない。

ただし、日本語にこんな言い方がある。

隣りのやつに二階を建てられて、陽当りが悪くなってしまった

「建てる」は他動詞だから、受動態の文になっても自然のようであるが、これは「二階を」という目的語をもっている。この受身態の文の主格は「私」であって「二階」ではない。隣りが二階を増築したことによって、私が害を受けている意味である。これは中国語でも受身の形では言わないようだ。とすると、この方が日本語の特色かもしれない。

この「二階を建てられた」は、純粋の受動態ではなくして、被害態の一種だ。これは次のような〈受益態〉に対するものだ。

自分の家を建ててもらった

使役態

日本語動詞の使役態は、いわゆる動詞＋「せる」「させる」の形で作られる。文章語には、ほかに「—せしめる」という古風な言い方も残っている。

日本語の使役態には、意味から見て二つのものがある。一つは、(1)力をもって他のものを動かす意味のものである。たとえば、

学生には、学年末にレポートを提出させる

もう一つは、(2)他のものの意志を尊重してその意志どおりの行動を許す意味のもので、

図書館を建てて自由に本を読ませる

が、これだ。よく話題にのぼる「本日はこれで休ませていただきます」も、「休むことを許可して……」の意味で、この(2)の例だ。英語などでは、(1)と(2)を、ちがう助動詞を使って表わし分ける。

使役態と他動詞

日本語の使役態については注意すべきことが三つある。一つは、受動態と同じように、非情物を主語とする場合にはあまり用いられないことだ。

その知らせは彼女を悲しませるだろう

はいかにも、ヨーロッパ語直訳体である。

次に日本語の使役態は、他動詞による表現で代用される。「彼に芝居を見させる」の意味は、

彼に芝居を見せる

で言い表わすことができる。「一人っ子をチフスで死なせた」というセンテンスは、

一人っ子をチフスで殺した

とも言い、これは外国人を驚かす。

この「チフスで死なせた」は、「自由に本を読ませる」の例と意味が似ているが、ちょっとちがう。「本を読ませる」は、人びとが本を読みたがっている場合の表現だが、子供はチフス

で死にたがっていたわけではない。自分の不注意・油断があって、子供が死んだという意味である。「子供にチフスで死なれた」と言っても、同じ意味は伝わる。

このようなものは、中世の戦記物語にあった。

弓手の膝口を射させて……（『平家物語』）　河野通信父を討たせて……（同）

がそれだ。湯沢幸吉郎は、受身で言うべきところを、武士は強がりを見せて、自分の方からそうやらせたように表現したのだと説いたが、そんなことはあるまい。「自分の不注意で……」という意味の用法だと思う（日本古典文学大系『平家物語』解説）。

使役態と能動態

日本語の使役態には、もう一つ時枝誠記が注意したが、理論的には使役態を用いるべきところを、普通の能動態でいうことがある。たとえば、次の(1)は医者に注射してもらったことを言い、(2)は、大工に家を建てさせた時の言い方である。

(1)　きのう注射をしました

(2)　今度彼は家を新築した

古い中国語の言い方に、

飲馬於溜　（『春秋左氏伝』）

のような表現があり、馬を飲むかと思うとさにあらず、馬に水を飲ませる意味であるというのと、ちょっと似ている。

また、受動態に対して受益態があったように、使役態に対するものとして、〈与益態〉がある。

本を見せてやる　本を読んであげる

のような表現がそれだ。被害態に対する〈与害態〉というものは、特にきまった形はないが、

憎らしいから引っぱたいてやった

のように言う。与益態の形を借りて表現すると言うべきだろうか。

二つの受益態

ところで問題は、「―てやる」「―てあげる」を与益態と呼ぶとすると、これに対する表現は、「―てくれる」「―て下さる」という形だということだ。先に「―てもらう」を受益態と呼んだが、こっちも受益態と呼びたい形だ。が、明らかに「―てもらう」と「―てくれる」では意味がちがう。「―てやる」と「―てくれる」の関係は、利益が他人の方へ行くか、自分の方にくるかで正反対であるが、「―てもらう」は、その文の主語が利益を受けることを表わす点で次元がちがう。この関係は上のようだ。

	利を与える人	利を受ける人
てやる てあげる て差上げる	自分 他人	他人
てくれる て下さる	他人	自分
てもらう ていただく	主語以外	主語

「―ていただく」は、「―てもらう」の尊敬表現だ。といっても、主格を尊敬する表現ではなく、対格を尊敬する表現だ。

日本人は他人から恩義を受けることをつとめて表現しようとする民族特性から、「―てもらう」「―ていただく」とか「―てくれる」「―て下さる」の系列の言葉が大好きだ。飛行機に乗ると、乗客への注意事項が、英語では"Fasten your seatbelt."とそっけないが、日本語は、

ベルトをお締め下さい

とやさしく、ホテルへ泊まると、宿泊客への希望事項が、英語では"No smoking in the bed."とあるが、日本語では、すべて「下さい」がついている。

ベッドの上での喫煙は御遠慮下さい

与益態・受益態の重なり

これらの「―てやる」「―てくれる」「―てもらう」は、次のように組合わせても用いられる。

極端な場合には、三番目の例がそうだが、三つ重なることもある。

義理で診察してもらってやる

世話をしてやってくれ

この男は麻雀の自称天狗なんだが、一度指導を受けてもらってやってくれないか

一般に朝鮮語には日本語に似た点が多く、筆者などが、「日本語の特質」などといったものを書くと、韓国人の学者から、それは日本語の特質ではない、朝鮮語でもそうだと叱られることが多い。が、こういう言い方は朝鮮語にはないのではなかろうか。

八　形容詞と副詞類

1　形容詞

語彙の少なさ

日本語の形容詞については、柳田国男の『語彙論』に、「語彙が少なすぎる」と論じたことが有名である。たしかにわれわれは日常ちょっとした事物の形容を言い表わすことばがなくて不自由を感じることが多い。カラシやワサビの味といっしょに、塩水の味を「からい」というのは変である。漢字では「辛」と「鹹」とはちがう。鉄砲玉を「かたい」というのはいいとしても、スルメの足を同じ「かたい」というのも変である。英語では、hard と tough とで言い分ける。

ところで、柳田が少ないという形容詞は「―い」という形の形容詞である。たしかにそれは少ないし、ことに新しいのがあまり出来ない。増えるのは、「ダサイ」とか、「ヤバイ」とか、あまり品位のない単語である。「黄色い」「茶色い」はやっと認められて市民権を得たが、「きれい」や「好き」を若い人がイを付けて、「キレイクナイ」とか「好キクナイ」とかいうと、福田恒存のような人から早速、日本語の乱れの例にされる。要するに形容詞は増えにくい。

形容詞の代わりに使われる語

しかし日本語の中には、いわゆる「形容詞」と同じような意味をもち機能を果すことばに、実は、「静かな」とか「見事な」とかいう、ナで終る形の単語がたくさんある。「勇ましい」と「勇敢な」とは意味・機能全く同じである。「貧しい」と「貧乏な」もそうである。「白い」「赤い」の類だけを形容詞と名付けたのは、大槻文彦以来の学校文法の規定であって、むしろ英語のアジェクティブという術語内容に忠実ならんとすれば、「静かな」「見事な」の方が形容詞というのにふさわしいものであった。

また、日本語にあるおびただしい擬態語の類いも形容詞の代わりに使われる。「ガタガタの椅子」「ツルツルの廊下」の類いである。さらに、動詞そのもの、および動詞＋「た」の形が形容詞として使われることを見逃してはならない。

(1) こいつはいささか驚くね

(2) こりゃ困ったな

右の(1)の「驚く」の主格は何か。「私は」が略されている、などと思ってはいけない。「こいつはおもしろい」というセンテンスがあれば、「おもしろい」の主格は「こいつ」である。同様に「驚く」の主格も「こいつ」である。驚いた気持を表わすべき形容詞がない。そこで「驚く」とか「困った」とかいう動詞をかりて来て、形容詞として使っているのである。とすると、ただ、「赤い」「白い」の類いだけを見て形容詞が少ないと歎くことはない。

形容詞の語形変化

日本語の特色を論じた本を読むと、判でおしたように、日本語の形容詞が、動詞と同じように語形変化をし、単独で述語になれるということが書いてある。たしかに、

花は美しい　　雪が白い

の「美しい」「白い」などは「だ」もつかないで述語になるし、語形変化をする。

しかし、ナで終わる形容詞の方は、それ自身、語形変化するのは「きれいな」「きれいに」の二つだけで、あとは「だ」という、名詞につく助動詞がつき、その「だ」の語形変化によって、イで終わる形容詞と同じような働きのちがいをはたす。「だ」については次節で述べるが、論理学でいうコプラ(繋辞)である。とすると、この形容詞は、コプラがついて「きれいだ」という述語になるわけで、ヨーロッパ語の形容詞によく似ていると言ったのはこのことである。つまり、ヨーロッパ式の形容詞である。

擬態語の類いを形容詞に収める考えは、早く松下大三郎の『標準日本文法』に見え、近くは川端善明(『時の副詞』上)もそのように考えている。

統合型と分析型

さて、ここでイ型の形容詞とナ型の形容詞を比べてみると、イで終わる形容詞は、全体が一語であるから〈統合型の形容詞〉であり、「静かな」「元気な」の方は、「だ」が臨時につくので〈分析型の形容詞〉ということになる。擬態語の類いも、後者に近い。

この二つを比べてみると、分析型の形容詞の方がはるかに便利なことが多い。たとえば分析型の形容詞は、終止法と連体法とちがう形をとる。「静かだ」と「静かなへや」。これは、センテンスの続き方を示す点で大変都合がよい。また、分析型の形容詞は丁寧形がごく自然に作れる。「静かだ」は、「だ」を「です」に改めて、「静かです」とやればよい。これに対し、イ型の形容詞の方は、語尾のイが邪魔になってなかなか丁寧形が作りにくい。このごろやっと「白イデス」という言い方が正しい形と認められてきたが、戦前はこれは雅馴な言い方ではないといって、評判がわるかったくらいである。

幸いに、今日では、「白イデス」が正しい形として公認されてよかった。が、その過去の形はまだ落ちつかない。「白カッタデス」？　これは口頭では多く行われているようだ。が、字に書くとどうも落付かない。「白イデシタ」？　これは今まだ耳になじまないが、この形が将来伸びるのではなかろうか。英語学者であり、同時に国語学者である楳垣実は、そういう形をさかんに使っていた。

が、とにかく、イで終わる形容詞は丁寧形が作りにくい。つまり使いにくい語彙である。こんなことから、形容詞では新興のナで終わる分析型の形容詞の方が、日に日に勢力を加えつつあるものと考えられる。イェスペルセンは、言語は統合的なものから分析的なものへ向かって進歩すると言ったが、日本語の形容詞は、まさにその道を進んでいる。

一般に形容詞が動詞と同じように語形変化をするのは東アジアの言語に多く、朝鮮語などは語尾の部分まで同じである。中国語やインドネシア語は語形変化をしないが、単独で述語になるという働きは、動詞と全く同じである。

これに対して、ヨーロッパ語の形容詞は、むしろ名詞と似ていて、ドイツ語・フランス語など、その語尾の変化は名詞と同じような形をとる。日本語は、本来のイ型形容詞は極東的であるが、ナ型形容詞の方はヨーロッパ的で、少なくとも形は名詞に似ている。

心理状態と事物の属性

日本語の形容詞について、次に注意されることは、時枝誠記が注意しているが、同一の語が心理状態をも表わし、事物の属性をも表わすことが多いという点である。たとえば、「寂しい」といえば、(1)lonely というような心の状態をもさすし、(2)lonesome, desert というような、そういう気持を与える外界の情景をもさすというのがこれである。

森の青葉の蔭に来て　なぜか寂しくあふるる涙　（西条八十「純情二重奏」）

山の寂しい湖に　ひとり来たのも悲しい心　（佐藤惣之助「湖畔の宿」）

この点は中国語も日本語と同様だし、東洋の諸言語に広く見られる傾向であろう。英語では interesting が外界の事物の性格を表わし、interested がそれを受けた心の状態を表わすという区別は、この点では精密である。

2　副　詞　類

情態副詞

日本語の副詞は、山田孝雄の本によると、学校文法の接続詞・感動詞をも含めていたが、そのほかのものは〈情態副詞〉〈程度副詞〉〈陳述副詞〉に三分類していた。この考えは戦前は最も標準的なものとして行われていたが、戦後の学校文法では情態副詞のうち、「静かに」「元気に」の類いは、形容動詞の連用形として早く分離された。本書では、ナ型の形容詞である。また、残りの情態副詞のうち「はっきり」「きらきら」「ぱっと」「泰然と」の類いについてはすべて、戦前、松下大三郎が「静か」「元気」などと同種と考える説を出していたが、戦後、川端善明や竹内美智子によって、ますますその説が強められてきた。たしかに、

(1)　山路にすみれがつつましく咲いていた

(2)　山路にすみれがひっそりと咲いていた

で、(1)と(2)が激しくちがう性質をもっているとは思われない。これは、杉山栄一の、連用形だけしかない用言——本書の分類では、形容詞のうちに入れられる。事実、「ひっそりと」は前に修飾語が加えられることから見ても、形容詞と同じで、副詞らしくない。また、

幸いに人に出逢って道を教えてもらった

あの人は不思議にも生き返った

の類いは、湯沢幸吉郎の『国語法精説』以来、文全体にかかる別種のものと注意され、「約束の副詞」と呼ばれていたが、三上章は、「批評の副詞」と言いかえ、その中に「評価」と「注釈」の二種類を立てた。「幸いに」「確かに」「あいにく」「高い」などは評価であり、「無論」「すなわち」「たとえば」などは注釈だという。

こうなっては、情態副詞は壊滅だ。

程度副詞

程度の副詞は、名詞をも修飾する点で、異色がある。が、かりに連体詞を副詞にとりこめる立場から行けば問題にならない。程度の副詞はその前に他の副詞をそえることもないから、まず典型的な副詞である。北原保雄はこの中に、

あまり……でない　　大して……できない

のような呼応のあるものも入れている。

陳述副詞

次に、陳述の副詞であるが、その前に、南不二男の『現代日本語の構造』にある「句」と「節」という二分類を紹介しておきたい。

南は、一連の語のつながりの中に、二つのものを区別した。一つは句で、これは名詞を修飾する一連の語句の一部になりうるもので、次のようなものが属する。

鳥がとぶ　　頭がいたい　　学校から帰る　　噴水もある　　すこし食べる　　決してうそをつかない

もう一つは節で、名詞を修飾する語句には入らないもので、次のようなものが属する。

鳥は飛ぶ　おれは頭が痛い　せめてもう一杯飲みたい　むろん出席する　けれども手紙を出しておく　だから代りにおれが行く　やあ、むこうからバスが来る　お茶を飲もう　早く行け　そんなことするな　おれが行くぞ　君が行くか

副詞の中には、(1)句に入るもの、(2)句に入らず、節に入るものがあり、程度の副詞、評価の副詞は全部(1)に入るが、いわゆる陳述の副詞は(1)(2)に分かれる。

(1)　句の中に入るもの――もし、たとい

(2)　句の中には入らず節の中に入るもの――おそらく、多分、まさか、どうぞ、さぞ

(1)は、動詞のところで述べた客観表現に属し、(2)は同じ主観表現に属する言葉である。(2)の方が陳述の副詞らしい副詞で、(1)の方は叙述の副詞だ。前述の批評の副詞も、評価の副詞は名詞を修飾する句の中におさまるが、注釈の副詞の方はおさまりにくい。

結局、日本語の副詞は、次のように整理される。

客観表現に属するもの　(1)程度の副詞　(2)評価の副詞　(3)叙述の副詞　(4)接続の副詞

主観表現に属するもの　(5)陳述の副詞　(6)注釈の副詞

副詞による予告　ところで戦前の学校では、元日というような日には式典が行われ、礼服を着た校長先生が壇上で「教育勅語」というものを朗読し、生徒一同、頭を下げて拝聴したも

のだったが、あの教育勅語に、こういう一節があった。

爾臣民、父母ニ孝ニ、兄弟ニ友ニ、夫婦相和シ、朋友相信ジ……

ちょっと聞いていると、おまえたち臣民は、父母に孝行であり、兄弟は仲よく……とほめられているような印象を受ける。ところが先の方まで聞いていると、

一旦緩急アレバ義勇公ニ奉ジ、以テ天壌無窮ノ皇運ヲ扶翼スベシ

とあり、この最後の「ベシ」によって、「父母ニ孝ナルベシ」「兄弟ニ友ナルベシ」の意味であることが明らかになる。これは文章として上なるものではない。これを救う方法はないか。

これは、はじめに、あとにベシという命令の語が来るぞということを予告しておけばよい。すなわち、「須く」という陳述の副詞があるが、これを「爾臣民」のすぐ次において、「爾臣民須ク父母ニ孝ニ……」と言っておけば、次々の語句がすべて命令なのだと理解される。このような場合、副詞というものが非常に有効であるが、これは日本語の文は最後の語で文全体の基本的な意味が決定されるということによるものである。

松坂忠則が挙げた例に、

知事はすべての局のすべての課のすべての業務の進行状態を常に承知していなければならないわけではない。

というのがある。「ならな……」あたりまで読んでくると、知事の仕事はずいぶん大変だなと

思う。と、そのあとに、「……いわけではない」と引っくり返って気がぬける。こういうセンテンスが二つ、三つ続けて出てくると、文章を読むのがいやになることは確かである。

これも、打消しの語句があとで来るぞということをはじめに言っておけばいいので、

　知事といっても、必ずしも

とはじめれば、あとに打消しの句が来ても、相手をがっかりさせることはない。

以上のような場合、日本語では、副詞は重要な役目をもっていると言ってよい。

3 接続詞

影の薄さ

日本語の各品詞のうちで、最も影の薄いのは接続詞である。この点、英語などの接続詞とちがう。もし、一日中、何か品詞一つを使わないでしゃべったら一〇〇万円を出そう、と言われたら、ほかの品詞ではだめだが、接続詞ならば筆者は応ずる自信がある。日本人は文をつなぐ時に、接続詞の代わりに、多くの接続助詞と言われる助詞や、動詞の活用形を使って間にあわせている。事実、それが出来るのだ。たとえば次のとおり。

暑い。しかし、風がある。――暑いが、風がある。

風がある。だから、しのぎよい。――風があるから、しのぎよい。

風もある。それから、日もかげっている。――風もあり、日もかげっている。

全部この調子だ。事実、接続詞なしで書いた文章というようなものはいくらもある。

ここで一つ注意しておくことは、「接続詞」というが、英語などの接続詞に当たる役割は日本語では接続詞ではなく、多くは接続助詞や、動詞の活用形がつとめていることだ。

I came back, because it began to rain.

If you wish, I'll help you.

の because や if の役をつとめるものは、

雨が降ってきたから

もし、望まれるならば

の「から」「ならば」である。

日本語に接続詞が避けられるのは、これに代わる動詞の変化形や助詞があるからだけではない。日本人は文と文との関係があまりはっきりすることを、うるおいがないとして嫌ったからでもある。前のセンテンスを読み、あとのセンテンスを読む、その間の関係が自然に「だから…」だなとか、「しかし…」だったなとわかってくる。これを喜んだのである。この傾向は現在の日常語にも、多少反映している。

「電車が故障して…」

たとえば、朝、社員が出勤時刻に遅刻した。課長の前へ行って、あやまる。

電車が故障しました。だから遅刻しました。

電車が故障しましたから、遅刻しました。

どうもこれはキツすぎる。自分が遅刻したのは、電車が故障したというちゃんとした理由があるんだぞと、いばっているように取れる。「から」をやめて「ので」を使うと少し救われる。

電車が故障しましたので、遅れました。

しかしもっといいのは「ので」も使わないことである。

電車が故障して、おそくなりました。

そうして一番いいのは、

電車が故障しました。

とだけ言って、「すみません」とあやまることだ。

こんなことから、「から」のような接続助詞は避けられ、同時に「だから」のような接続詞の使用がとめられるのである。

西鶴の場合

接続の関係を明らかにしまいということからか、昔の文学作品には、接続詞の類いをちがった意味に使う傾向もあった。井原西鶴などはその常習犯で、たとえば彼の使う「されば」の意味は、多く「さて」であった。「さるほどに」は「さても」であった。

この男、一生のうち、草履(ぞうり)の鼻緒踏み切らず、釘のかしらに袖をかけて破らず。……世の人あやかりものと枡搔きを切らせける。されば限りある命、この親父(おやじ)その年のしぐれ降る

ころ……　（『日本永代蔵』二代目に破る扇の風）

とかく老いたる人の指図をもるることなかれ。何ほど利発才覚にしても、若き人には三五の十八ばらりと違ふこと数々なり。さるほどに、大坂の大節季、よろづ宝の市ぞかし。（『世間胸算用』伊勢海老は春の椛（もみじ））

それはともかくとして、接続詞は影の薄い単語である。山田孝雄・松下大三郎などは、接続詞という品詞をたてず、接続の意味をもった副詞の一種であるとしているが、これがいい。

4　副助詞

二つの種類　学校文法で「副助詞」と呼んでいる助詞、つまり連用句に自由につく助詞がある。「副詞」のついでにこれについて述べておくが、これにはやかましく言うと、二種類のものがある。

(1)　も、でも、など、ばかり、ぐらい……

(2)　こそ、ぞ……

で、(2)の類いは、いわゆる〈係り結び〉の現象を起こし、もしそれを受ける動詞・形容詞が出て来ると原則としてそこで文が切れる助詞である。そうして名詞を修飾する句の中には入らない助詞だ。(1)の方はそのようなことがなく、それを受ける動詞が出て来ても、名詞にどんどん続いてゆく助詞である。山田孝雄は(2)の方を係助詞と呼び、(1)の方だけを副助詞と呼んだ。

ところでここに問題は、例の「は」という助詞である。これは、私見によると、どうも両方に分属するらしい。格助詞のところでふれた、いわゆる題目を表わす「は」というのは(2)の方に属し、対比を表わす「は」は(1)に属する。

題目の「は」
対比の「は」

対比を表わす「は」は、自由に名詞を修飾する句の中に入り、

ほかの人には教えてあげないこと　女は乗せない戦車隊

などのようになる。が、題目の「は」の方は、これは、「鳥は鳴くとき」などとは言わない。「鳥は鳴くときに口を開く」と言えば、「鳥は」は「鳴くときに口を開く」全体にかかるので、「鳴く」だけにかかるのではない。「鳥は鳴く野原」と言ったら、「ほかのものは鳴かない」という意味で対比の「は」になってしまう。

意味を考えてみても、対比の方は「ほかのものとちがっている」という客観界の記述であるが、題目の方は、話者が主観として取り出すものである。その点、「こそ」「ぞ」と同じである。「は」を山田孝雄は、係り結びの現象もないのに(2)の方に分類したが、これは題目を表わすものに限り、正しかった。対比を表わすものは(1)の方にくり入れるのがよかった。

「も」の用法

それから山田は「も」を「は」とともに(2)の方に入れている。これも問題がある。「も」が、「ほかのものと同じく」という意味で使われた時は客観表現であるし、

次のように連体句におさまる点から言っても、これは純粋の副助詞だ。

花も実もあるやり方　どこにもある話

しかし、次のようなのは、連体句におさまらず、はっきりした対比の意味がなく、感動のようなものが感じられ、(2)に属する「も」だと見る。

あなたも相当心臓は強いね

あいつのばかにも呆れた

これで試験もすんだ、やれやれ

こういう「も」には、なかなか難しい用法がある。芥川竜之介の『手巾』に出てくる西山夫人の言葉であるが、

実は、今日も伜(せがれ)の事で上ったのでございますが、あれもとうとう、いけませんでございました。

この「も」など、どう解すべきか。これは「今日は」というと、改まって重要なことを言い出しそうに聞える。「私の申上げることはごくつまらないことで」という語感が、この「も」にある。この「も」はショウは英語に訳していないが、無理のないことである。

「など」「ばかり」の位置

戦前、中国人に日本語を教えはじめたころ、学生から、

旗など振っていました

というセンテンスの意味を聞かれて、教壇で立往生したことがある。旗のほかに何を振ったのですか、というのである。今にして思うと、この「など」は、当然位置すべきところより前にきているから、旗のほかにも何かを振ったように取れる。これは、「旗を振りなどしていました」の意であって、「旗を振る」人間もいたが、ほかの人はそれに準ずることをしていた、の意味だ。

「など」に限らず、副助詞・係助詞には一般にこういう性質があって、

あいつは飯ばかり食っていて、ちっとも働かない

は「ほかのものを食わないで」の意味ではなく、「あいつは飯を食うことばかりしていて、ちっとも働かない」の意味である。

このようなことは古典語にもあって、妙な感じをもつことがある。『伊勢物語』の中の在原業平が、隅田川に来た時に、見なれない鳥がいた。業平がたずねると、そこにいた人が、

これなむ都鳥

と言ったとある。「なむ」の意味から行くと、「ほかのものではなくて、これが都鳥です」となりそうであるが、文脈からいって、そんな解釈は成り立たない。「これを御存知ないのですか、これはほかならぬ都鳥です」という意味にちがいない。とすると、この「なむ」は場所が前すぎているので、「これは都鳥になむ」と、あるべきものだった。

九　「だ」「のだ」と「──ない」

1　「だ」「のだ」の用法

助動詞「だ」は、ちょうど論理学で言う、コプラの役をする語である。第V章の最初に述べたが、森有正がその使い方をとらえて、「日本語には文法がない」と言って、話題になったことがあった。

森有正の意見

森によると、「だ」は、フランス語の動詞とちがい、主語の人称によって変化せず、逆に主語の人称が同じ場合に、「だ」となったり、「である」となったり、あるいは「です」となったり、「でございます」となったり、不定である。だから、文法的ではない、と言うのである。

しかし、これはずいぶん一方的な見方である。言語というものは、なにも主語の人称によって動詞が形を変えなければならないものでもないし、「だ」や「です」は、「話の相手が誰であるか」というような、ちがった原理にしたがって形を変えているのである。

ここでは、日本語に「だ」という単語があることが、実に論理学の世界では日本語が非常にすぐれた言語であることを証しているという、佐久間鼎の説を紹介したい。

何よりこの「だ」は、どういう意味の語か。この「だ」の意味については、以前から「断定を表わす」(時枝誠記)とか「肯定を表わす」(中島文雄)とかいう考えが出ている。が、ちがう。

「だ」「である」の意味

それは、山だ。

という、そこでとめる形になった時には、たしかに断定の意味が生じるが、そういう意味が生じるのは、「だ」に限らない。「行く。」といっても、「来る。」といっても、そこで言い切れば、断定の意味が出る。また、肯定の意味というのは、「山ではない」のような「―はない」という言い方を次につけないということから生じるので、もし、「山だ」が肯定を表わすならば、「行く」でも「来る」でも肯定の意味を表わすことになる。

「だ」「である」の標準的な意味は次の四つである。

(1) そのものとイコールの関係にあることを表わす。

富士山は日本の高山である　　レーガンは現在のアメリカの大統領だ

(2) そのものの一員である、つまりそのものに属することを表わす。

鯨は哺乳動物である　　私は日本人だ

(3) そういう属性をもっていることを表わす。

タバコは健康に有害である　　あの人は親切だ

(4)　そういう状態にあることを表わす。
風もなくうららかな日和である　　この部屋は静かだ

コプラの有無

英語ではこの「だ」の意味を表わすのに、be という基本形をもつ語で表わすが、これはもともと存在を表わす動詞で、それの兼用である。ヨーロッパの言語は大体それが多い。一方、中国では「是」という指示代名詞に兼用させている。日本語の「だ」は「である」がもとであり、ヨーロッパ語に近いが、「ある」だけでは存在の動詞、「だ」はちがった形をもつれっきとした別の単語になっているのは注目すべきである。

日本語には別に「は」という題目を表わす助詞があり、これは論理学の主語を表わすぴったりのしるしである。そうしてこのコプラを専門に表わす助動詞「だ」をもっている点を佐久間は買って、日本語は論理学をするのに究竟(くっきょう)な言語だと評価したのだった。この、コプラ専門の単語をもっていることでは、スペイン語が、先の「だ」の意味の(1)から(3)までを表わす ser という単語をもっていることが注意される。日本語と並んで論理学に向く言語ということになろうか。

外国語のうちには、古代インド・ヨーロッパ諸語では、コプラのない形が多く用いられ(ヴァンドリエス『言語学概論』)、ロシア語では現在でも、現在形ではコプラを使わない。女流宇宙飛行士のテレシコワが "Ya chaika."(私、カモメ)と言ったのは有名になった。

日本語でも、

この道はいつか来た道
からたちは畑(はた)の垣根よ

のように「だ」を言わないこともある。が、「言わないこともある」というだけで、言いたい時にはっきり「だ」「である」が付けられることは注意すべきだ。

ほかの助動詞　この「だ」の品詞は学校文法では「助動詞」としており、この名前は不適当であるが、慣用に従っておくと、助動詞には、ほかに「らしい」「ようだ」「だろう」が加わり、あるいは有坂秀世に従って「勉強する」「運動する」などの「する」、さらに終助詞とされる「か」を三上章に従って、加えてもいいかもしれない。

「だ」に戻るが、日本語の「だ」の用法で注目されるのは、次のような簡潔な表現ができることである。

「雨だ！」

雨だ！

これは「雨が降って来た！」と同じ意味を表わすもので、「が降って来た」と長くいうのを「雨」と言えば次に「が降って来た」と続くだろうと相手は理解できると察し、「だ」に置きかえたものだ。古くはこの形は「あれは雨だ」の「あれは」が略されたものだなどと考えられていたが、三尾砂(みおいさご)が、「雨だ」に二種類あり、(1)「あれは雨だ」の「雨だ」の部分が残ったものと、⑵「雨が降って来た」を簡潔に「雨だ」と表現したものとあると説いたのは卓見だった。これについては、第VI章第一節で改めて述べる。

筆者が本書の旧版で取り上げ、奥津敬一郎の本の標題にまでなった「ぼくはウナギだ」という表現も、第VI章第三節で述べるが、「ぼくはウナギを注文する」の「を注文する」を簡潔に「だ」とやったもので、性質はまったく同じものだった。

「のだ」

「だ」に関連して、日本には「のだ(んだ)」という表現がある。丁寧体ならば「のです(んです)」となる。この語法は三上章が『現代語法序説』に取り上げるまでは、日本の学者で考慮する人がほとんどいなかった。しかし、日本人にとっては、

あの子は寂しいんだ　　ぼくは知らなかったのです

など、日常ごく普通の語法で、日本語では重要な役割をつとめる。三上は、「のだ」の使用頻度は、英語にもっていったら、have＋過去分詞に匹敵するかもしれないと言う。彼のつとめている学校で、終戦直後アメリカ女性を招かされて講演を聞かされたことがあった。彼女は小一時間、かなり達者な日本語の講演をやったそうであるが、その間一度もノダ式の言い方をしなかったという。外国人には、「のだ」の意味と使い方はわかりにくいものらしい。この意味で、オーストラリア在住の日本語学者A・アルフォンゾが『日本語基礎コース』の中で、「のだ」の意味を詳しく考察しているのには頭が下がる。

「のだ」は、「のである」といっても意味は同じであるが、典型的な用法は次のようなものである。

道で出会う老幼は、みな輿を避けてひざまずく。輿の中では、閭がひどくいい心持になっている。牧民の職にいて賢者を礼するというのが、てがらのように思われて、閭に満足を与えるのである。（森鷗外『寒山拾得』）

正道はひどくあわれに思った。そのうち女のつぶやいていることばが、次第に耳に慣れて聞き分けられてきた。それと同時に正道はおこり病みのように身内がふるって、目には涙がわいて来た。女はこういうことばをくり返してつぶやいていたのである。（同『山椒大夫』）

これは、その前に叙述したことの根拠を述べた表現である。最初の例で言うと、閭がひどくいい気持になっているのは、「牧民の職にいて……閭に満足を与える」ためだという説明で、次のように順序を引っくり返していうこともできる。

牧民の職にいて……閭に満足を与えるので、輿の中では、……いい心持になっている。

日本人の表現では、あることを述べようとする時に、その根拠だけ述べて、結論を相手に察しさせようとすることを好む。そのことから「のだ」「のです」が好まれるので、さっきの「あの子は寂しいんだ」は、「あの子は寂しいので口をきかない」の意であり、「ぼくは知らなかったのです」は、「ぼくは知らなかったので、先生にお辞儀をしませんでした」という意味である。

さらに「のだ」は「それが事実(真実)だ」という意味をもっているところから、派生的にいろいろの意味をもってくる。

何と言っても、おれはやりぬくのだ　(決意)

おい、どうした、起きるのだ　(督促)

これらは主観表現に転じているので、語形変化をしない。

2　否定表現

形の単調さ　「行く」に対して、「行かない」、「よい」に対して「よくない」を普通、否定表現という。「否定」というと、ある人がそのことをちがうと言うことで、その人の主観的な精神活動である。が、実際は「よくない」の意味は、「よさが否定される状態にある」(属性をもっている)という意味で、客観的な状態・属性を表わす言葉である。「行かない」もこれに準ずる。筆者はこういうことから「行かない」「よくない」を〈否定表現〉と呼ぶことにはちょっと抵抗を感じるが、今は、一般の呼び方に従って話を進める。

さて日本語の否定表現は、他の言語に比べて、何より単調である。

たとえば英語では、否定を表わす形は豊富で、no, not, none, never, neither, nor からはじまって、little, few, hardly, seldom, without, unless ……など、多くの否定形があるのに、日本語では、動詞の否定形は「行かない」、形容詞や助動詞「だ」の否定形は「よくない」「山で(は)ない」で、みな「―ない」という形だ。しいて言えば、「いえ」「なに」「ものか」「か」などが否定に使われるくらいである。「決して」「ちっとも」のような、否定の気持を帯びた副詞はあるが、「決して書く」では、打消しの意味にはならない。「決して書かない」と言わなければならない。つまり、「決して」「ちっとも」の類は、否定の語句に伴って用いられる語句というに過ぎず、否定の意味はあくまでも、「―ない」の形にある。

全体が一語に

次に日本語の否定形について注意すべきは、動詞についた場合、全体が一語になっているということである。「書く」に対して「書かない」、「降る」に対して「降らない」がこれで、「書写が行われない」「降雨が行われない」の意味をもつ。学校文法で、便宜上、書カ＋ナイと分けて二語とするが、アクセント形式から言っても、中間に他の語がとびこまない点から言っても、全体は一語である。

ドラヴィダ諸語は、否定動詞をもつ言語として知られている(北村甫編『世界の言語』)。また、アイルランド語やリトワニア語の動詞が否定形をもっているという(ヴァンドリエス『言語学概論』)。しかし、一般的ではなさそうだ。多くの言語では、否定の意味は否定の副詞というものがあって、それで表わす。英語・ドイツ語・フランス語然り、東洋でも中国語然り、アルタイ諸語然りである。多くの場合に、日本語と似た性格をもっている朝鮮語では、ani という副詞があって、これが動詞につく。

ani hada(しない)

上代の日本語には、「な書き」の「な」のように、否定(命令の意をふくめているが)の意味の副詞が一つだけあったが、古代にはすでに、「な書きそ」と、「—そ」の上の語についてあとに来る打消しを予告する助詞と化し、姿を消すに至った。

最後まで聞かないと…

日本語の否定の意味は、動詞を言ったその後に来る。日本語では一つのセンテンスで動詞が最後に来るので、日本語は最後のところまで聞かなければ肯定か否定か理解できず、苦しい。

よくテレビなどで見るゲームに、出場者に赤い旗と白い旗を左右の手に持たせ、指揮者が「白あげて、赤あげないで、白下げない」などと言って相手を混乱させるのがあるが、これは日本語でやるからおもしろいので、否定の意味が先にわかる言語では意味がない。

英語などを学んで驚くことは、

No man lives.

のような、否定的なものがセンテンスの主語になることだ。これは、このまま日本語に訳すことはちょっとできない。中国語には「無人止」という言い方があって、これは英語そのままの考え方のように見えるが、「人ノ止マルモノ無シ」という発想らしい（楳垣実『ばらとさくら』）。

部分を打消す

ドイツ語を見て羨ましく思う点は、センテンスを構成しているどの単語でも、それを打消すために nicht という副詞をそばに置くことができる点である。Ich ……とはじまるセンテンスの ich だけはちょっと否定しにくいが、普通の名詞が頭に来た場合には、kein を使って否定できる。それが日本語では、否定の形に出来るのは文末の動詞だけなので、それを否定形にした場合、前のどの語を否定したのかはっきりしない。北原保雄が例にあげた、

車は急にとまれない

の「ない」は、「急に」を否定しているともとれ、「とまれる」を否定しているともとれるところから話題になった。

中国の古典の、

身体髪膚　受之父母　不敢毀傷　孝之始也

の「不敢毀傷」は、「敢不毀傷」と同じになってしまい、

アエテ　キショーセズ

としか読めないのは、日本語の欠陥である。

われわれの先輩はそれでも何とかして解決しようと手を打った。それは否定すべき語句に、助詞「は」「しも」「と」をつけることである。たとえば、

伯楽は常には有らず

と言えば、「―ず」は「常に」を打消していて、

常にいるとは限らない、いないこともある

の意である。「常に有らず」(＝いつもいない)とはちがう。この「は」は現代でも応用が広く、「全部は食べなかった」と言えば、少し残したことになる。前の「車は急に……」の例ならば、「車は急にはとまれない」となる。

『徒然草』に「死は前よりしも来らず」というセンテンスがあるが、「死は後からも襲ってくるかもしれない」の意であり、「しも」は前の句を打消す。いま多く使われる「必ずしも」の「しも」の語源はこれである。「と」は「二度と来なかった」のように使うが、例は少ない。「しも」と「と」は現在自由には使えなくなってしまった。

終戦直後ごろ、天皇陛下とマッカーサー元帥とが並んで立っている写真が新聞に出たことがあった。重要な会談をした記念だったのだろう。その時、マッカーサーはネクタイを締めないというラフな恰好だった。そうして、そのことの説明として、新聞に「マッカーサーは天皇に会うためにネクタイを締めなかった」と出た。

これは誤解される文で、何かマッカーサーは、天皇に逢うために、わざわざネクタイをはずしたようにとられ、非難の声があがった。しかし、事実はそうではなくて、堅苦しくなるのをさけて、ネクタイを締めずにふだんのままで出かけて行ったという意味だということだった。そうすると、この文はどう書いたらいいか。

天皇に会うためといって、ネクタイを締めることはしなかった。

であろうか。「といって」も、前の語句を打消す形である。

二重否定　否定表現のついでに〈二重否定表現〉について一言。

次のようなのは、よく日本語の文章の中に見られる形であるが、これらは否定の否定であり、意味は肯定になっているから、文句はない。

行かなければならない
来ないんじゃないか
……の恐れなしとしない

言語によっては、二重の否定をして、それでやっぱり否定だという表現がある。スペイン語やハンガリー語が有名で、たとえばスペイン語の nadie は、英語の nobody に相当する単語のはずであるが、ほかにもう一つ否定を表わす単語をいっしょに使わなければ、これだけでは否定の意味にならないという。

しかしそういう二重否定の文章は、大家でも書いてしまうことで、イェスペルセンは、『文法の原理』の中で、チョーサーの書いたものから例を拾ってきている。日本語でもこのようなことがないわけではなく、たとえば、近松門左衛門という人はのんきな人で、

二夜三日の御祈り、などか納受なからざらん。（都の富士）

などとやっている。ここは「なからん」でよかったところで、反対の意味になってしまった。

雪に変わりはないじゃなし

という「お座敷小唄」の一節は、その末流である。

一〇　代名詞・指示語など

1　人称代名詞

日本語の人称代名詞は、英語その他の欧州語のそれとかなりちがった性格をもつ。

使用頻度　日本語の「わたくし」は、その意味は英語のＩに相当するが、英語のＩは、論理的に使う必要があれば何回使っても支障はなく、人称代名詞の使用頻度は、全体の語彙のうち

の十分の一ぐらいであり、中でもIとyouが多く使われるという（水谷信子『日英比較話しことばの文法』）。日本語では、「私が」「私が」と言うと、自分のことを主張しているようで、他人に不快な感じを与える。使わなくてもいい時には、使わずに、前後の文脈でそれと察しさせる方が好もしいとされる。チェンバレンは、日本人は一時間ぐらい談笑をしていても、ほとんど人称代名詞を用いないで、皆、これを省略してしまうと言って驚いた。

英語では、文の中での代名詞の位置はごく軽い。日本語で言えば、助詞とまではいかないまでも、形式名詞か、補助動詞ぐらいの位置にある。日本語の代名詞は、意味を離れれば、一般の名詞と変わりない。英語のIやyouは、関係代名詞で受けて複文にでもしない限り、それを修飾する言葉を付けることはできないが、日本語では、落語の「粗忽者」のせりふ、

ここに死んでいる奴はたしかにおれだが、それを担いでいるおれは一体誰だろう。

というようなことが言える。川端康成はノーベル賞を受けにストックホルムに招かれた時に、「美しい日本の私」という題の講演をした。この標題はヨーロッパ語には訳しにくかったろう。サイデンステッカーの英語では、「美しい日本と私」という苦しい訳になっている。

語彙の多さ　日本語の人称代名詞がたくさんあることも、英語などとはちがう。この性格は朝鮮語・ヴェトナム語・タイ語・インドネシア語など、東アジアの言語には共通であるが、自分の身分・地位や話の相手との関係によって、ちがった語彙が選ばれるからで、た

とえば第一人称代名詞には、

　わたくし、わたし、わし、あたし、ぼく、おれ、わが輩

などいくらでもある。「手前」「自分」のような、もとは自称の代名詞であるものもある。古くは「拙者」「不肖」などもあった。

　それからさらにヨーロッパ人を驚かせるのは、この第一人称代名詞が、相手をさすために使われることもあることである。迷子になっている小さい男の子に、婦人警官が、

　ボク、誰と来たの？

と、たずねているような場合がそれである。語彙が多いので、人によって使う語彙がきまっていることから来るものと思われる。

　それと同時に、電話などで「どなたですか？」と聞かれて、

　あたしよ、あたし

と言う人もある。話しているのは本人にきまっているから、これでは返事にならないはずであるが、声の質でわかってもらえるだろうという期待のほか、その人に対して、「あたし」と自分を呼ぶ人は少ないはずだという自覚も働いていそうだ。

　グリム童話の一つ、「狼と七匹の子山羊」の中に、狼が母山羊のふりをして、家の外から、

Eure Mutter ist da.（おまえたちのおかあさんだよ）

と子山羊たちに呼びかけるところがある。筆者が子どもの時に読んだ日本文の物語では「わたしだよ」と呼びかけていたもので、あれはいかにも日本式だった。

ヨーロッパ語を見ていて、ことにフランス語やスペイン語などには、「彼自身を」「私自身を」という言い方が目につく。「驚く」は「自分を驚かせる」、「満足する」は「自分を満足させる」という類いである。これは再帰動詞が多いということである。

自称代名詞と他称代名詞

日本語には再帰動詞がないので、このような代名詞を使うことは少ないが、自分を表わす代名詞がないわけではない。古くは「己」がそれで、「自分」「自身」もそれだ。〈自称代名詞〉と呼ぼう。ただし、日本語では第一人称代名詞との混同が激しく、区別がはっきりしないのは好もしくない。「自分」を「私」の意味に使う人があり、かつての軍隊ではそれが普通だった。「我」はもともと第一人称代名詞であるが、「我と我が身を返りみて」という時に、自称代名詞として使われている。

日本語ではよく、第一人称の代名詞が第二人称の代名詞として使われているなどと言われるが、あれは、第一人称から自称になり、それがさらに第二人称に三転したものだ。「ワレはどこの餓鬼だ！」というのは、その例である。

日本語には、もう一つ、自称代名詞に対するものとして、〈他称代名詞〉があることはおもし

ろい。「ひと」がそれで、

　ひとのふり見てわがふり直せ　　ひとのふんどしで相撲をとる

のように「われ」と対に用いられる。これは主語以外の人をさす代名詞で、

　ひとの気も知らないで

の時は、「私」をさし、

　ひとに知られで来るよしもがな

の時は、「私以外の人間」をさす。

二種類の「わたしたち」

　第一人称の複数代名詞については、世界の言語は二通りに分かれるということが有名である。英語やフランス語は、第一人称は we, nous のように一種類しかないが、中国語では二種類のものがあり、「我們（ウォーメン）」と言えば、話の相手を含まない「わたしたち」であり、「咱們（ツァーメン）」と言えば話の相手を含む「わたしたち」である。

　こういう区別をもつ言語は世界に結構多く、日本に近いところでは、ヴェトナム語・フィリピン語・インドネシア語・モンゴル語・ツングース語・アイヌ語・ギリヤーク語などがそれである。多くのアフリカの諸言語にもこの区別がある。ある宣教師が黒人たちに説教するときに「われわれはみな罪人です」と言った時、相手を含まない「われわれ」の方を使って失敗した、という話が残っている（イェスペルセン『文法の原理』）。

この点、日本語はどうであろうか。コチトラというのは相手を含めない「わたしたち」の意だと言った人がある。三上章は、「わたくしども」「てまえども」がそれだと論じた（私的通信）。

ところで、こういう区別があるというとずいぶん精密なと思うが、上には上があるもので、ニュージーランドのマオリ語では、

(1) 私とほかの人一人のわれわれ（マーウア）
(2) 私とあなただけからなるわれわれ（ターウア）
(3) 私とあなたがたを含むわれわれ（タートウ）
(4) 私と、あなたを除くほかの人たちからなるわれわれ（マートウ）

と四種類の代名詞がある。

広島の原爆の碑には、

安らかに眠って下さい／過ちは／繰返しませぬから

とあるが、代名詞をやかましく使い分ける国民だったら、この主語をどうすべきか、もめたことであろう。現にこの碑がたったあと、解釈について議論がおこった。

考えてみると、we を、第一人称の複数などと呼ぶことが正しくないはずだ。「第一人称の複数」というものがもしあるとすれば、デモ隊の人達が声をそろえて、

われわれは断乎として政府のやり方に反対する！

と叫んでいる、ああいう時であろう。普通の場合は、「私とそのほかの人たち」であって、それは「私の複数」ではない。つまり、ほんとうの「私の複数」と、そうでない「私とその他の人」とを区別する言語もあってよさそうなものであるが、その例は知らない。

第二人称代名詞

第二人称代名詞についても、第一人称代名詞について言ったと同じようなことが言える。次の例のように、修飾語を加えることも自由で、意味の面を除けば、一般の名詞と区別がない。

三時のあなた

そういうお前は誰だ？

東アジア諸方言と同様に語彙が多いことも、第一人称代名詞と似ており、あなた、きみ、おまえ、あなたさま、きさま、てめえ……など、話し手の身分・性別、相手との関係で、いろいろのものが使われる。

もっとも、第二人称代名詞については、敬語表現の簡単なヨーロッパ語にも使い分けがあり、たとえば、ドイツ語でduと言うと、「おまえ」にあたり、「あなた」と言うときはSieという別の言葉を使うというようなことがあり、そのことは次節の敬語の項で述べる。しかし日本語のものははるかに用法が複雑で、こんなことから、

「君、梅幸というのは何だね」（芥川『手巾』）

「ねェ、あ、な、た」

のように呼びかけに使われるというのは、英語の you などでは起こらないことであろう。

日本語の第二人称代名詞について注意すべきは、第二人称代名詞を絶対に使わない間柄というものがあることである。親・兄・姉・おじ・おばに対してはそうで、この場合、「お父さま」とか「お兄さん」とか一般の名詞を使う。菊池寛の戯曲『父帰る』では、したい放題のことをし尽してひょっくり帰って来た老いた父をつかまえて、長男の賢一郎が、「あなたは……」「あなたは……」と言っているが、これが実に冷たく響き、大きな効果をあげている。

ところで、現代ではそういう関係以外でも第二人称代名詞が使えなくて不便をしている場合がある。目上の人に対する適当なものがないせいだ。

困ったこと

もし、相手が学校の教師だったり、医者だったりすればいい。「先生」という名詞を使って「先生が」「先生の」と言えばいい。「大臣」とか「社長」の場合もいい。ところが、相手がその先生の母親だったらどうするか。「あなたさま」という代名詞はちょっと使いにくい。思いきって使うようにした方がいいと思うが、使えないという人が多い。「お母さまは」などでは、はなはだおさまりが悪いと言って、「お宅(さま)」とか「こちら(さま)」とかいう言葉が新しい第二人称代名詞として登場して来ているが、ちょっと物足りない。これは日本人として困ったことである。

なぜ代名詞を避けるか

第二人称代名詞が使いにくいのは、日本語の場合、第一に相手を指す代名詞がどんどん格が下がってくることによるが、それ以外に、日本人の頭の中には、西欧人とちがい、代名詞という単語で相手をさすのは失礼に当たるという考えがあるようだ。

中国人にもこれと同じような考えがあり、昔から、大夫・公子・陛下・足下のような身分や場所を示す語で相手を呼ぶ風が盛んだった。

第二人称代名詞の複数については、第一人称代名詞の複数について言えたようなことがあるはずであり、そこにいる相手たちだけの「あなたがた」と、そこにいない人を含めての「あなたがた」とあるはずであるが、それをやかましく言う言語はちょっと聞かない。

第三人称代名詞

日本語は第一人称・第二人称はまだよいが、第三人称には、もともと人称代名詞がなかった。いま第三人称に使っている「彼」というのは、古い遠称指示代名詞であり、「彼女」は、明治になって she の翻訳語として急に作った速成の単語だった。

もっともこういうことは、朝鮮語でも同様ではある。

英語その他で、男性・女性を he, she と分けるのは、いかにも男女の性の区別のやかましいヨーロッパ語だけのことがある。ハンガリー語は、この区別をもっていないので、これを気にしている学者もあるようだが、これもさっぱりしていていいのではないか。たとえば英語で

「結婚したければ」と言いたいときに if he or she wants to marry と言うそうである(『言語生活』昭55・10 はたひろみ)。めんどうな話である。

中国語はおもしろい言語で、第三者であるAとBが組打ちでもして、互いにどうしたこうしたという段になると、Aのことを「你」(＝おまえ)、Bのことを「我」として話を進めてゆく。話し手以外に「我」を使うのは日本語だけではない。

「彼」「彼女」はともに日本語ではまだ新しい言葉の感じで、「彼」は小さい子どもをさして言うことはおかしく、「彼女」の方は小さい子どもと同時にあまり年老いた女性にも使いにくい。使うなら、淡谷のり子さんや大屋政子さんのような老いてなお色っぽい女性がふさわしい。そんなことと関連して、「彼女」は「愛人」という意味の名詞として使われる。「彼」には「氏」をつけて、そのような意味に用いられる。

日本では、「彼女」という言葉のない時代は、女性をさして「彼」と言ったことがある。たとえば森鷗外は『雁』の中で、ヒロインお玉をさかんに「彼」「彼」と呼んでいる。

疑問代名詞には、「だれ」「どなた」がある。こういう代名詞でも、日本語では名詞並みで、

おまえはあの子のだれなのさ

のように、修飾語を付けることができる。

2　指示代名詞

日本語の指示代名詞は次のような、三段組織になっていることが英語などとちがうところで、「あれ」「あそこ」「あちら」のあとにドレ・ドコ・ドチラを加え、佐久間鼎以来コソアド体系と呼ばれて来た。

コソアド体系

コレ、ソレ、アレ
ココ、ソコ、アソコ
コチラ、ソチラ、アチラ

この三つのちがいは、以前は近いもの、中間のもの、遠いものと説明されて来たが、それは話し手と相手とが同じ位置にいる場合のことで、一般には松下大三郎創唱の「話し手に近いものがコ、相手に近いものがソ、話し手からも相手からも遠いものがアだ」という説明がよい。ロンドンにいる友人に東京から手紙を書く場合、自分から遠いにもかかわらず、ロンドンをさして「そちらは寒いか？」とたずね、かつて一緒に旅行した長崎は、ロンドンに比較すれば近いにかかわらず、「あそこはよかったな」と言う。

ヨーロッパでは、英語・ドイツ語・フランス語など、多くの言語では、この三つの区別をもたないが、スペイン語とポルトガル語はこの区別をもっている。アジアの言語では、中国語・

ビルマ語・インドネシア語とヨーロッパ系のヒンディー語はもたないが、朝鮮語、タイ語、ヴェトナム語、高砂族のある言語、タガログ語などにはこの三種の区別がある。また、アルタイ系ではモンゴル語にはなく、トルコ語にはあるという。

コソアの体系は、われわれにとって重宝な区別のように思われる。ただし、もっと多ければもっとよいとは言えるかどうか。レヴィ＝ブリュルによると、アメリカ・インディアン語の一派、クラマス語では、

(1)ふれるほど近くにあるもの　(2)そばにあるもの　(3)相手の前にあるもの　(4)近くて、しかも見えるもの　(5)遠いが見えるもの　(6)ないもの　(7)なくなったもの　(8)見えないもの

を、ちがった代名詞で言い分けるそうだ。

注意すべき点

日本語のコソアドについて注意すべき点を述べる。

第一に、コは話し手に近いもの、ソは聞き手に近いものと言うが、話し手の後ろにあるものは、聞き手からさらに遠いにかかわらず、ソレということがある。これの説明として、高橋太郎は、一度は「相手の勢力範囲は、話し手の勢力範囲より広い」という立場をとったが、あとでそれは「話し手と聞き手が同じ場所にいるという立場に立って、そこから中程度に離れたところにあるものとしてのソ」だと判定した(『国立国語研究所報告』昭57・3)。

日本語では、コソアドは、外界の見えるもののみではなく、話題になった事柄もさし分ける。

久野暲の『日本文法研究』から例を借りれば、

　太郎は馬鹿で困ります

に対し、はじめての知識ならば、自分のものになっていないから、

　ほんとうにそんなに馬鹿なのですか

と受けるが、もしよくそれを知っている場合には、こういう。

　本当にあんな馬鹿では困りますね

また、日本語でコソアドの体系がそなわったのは近世ごろのことで、古い時代のものは、

　あれはいかに(＝ソレはどうしたのか)

　これやこの(＝アノ)行くも帰るも別れては……

　めぐりあひて見しやそれ(＝ドレ)とも分かぬ間に……

のように、今から見れば使い方のちがうものが見える。以前は、ソはイヅ(のちにはド)に対し、コはカ(のちにはア)に対するものだったようである。

3　境遇性をもつ語彙

誰が、いつ？　代名詞や指示語の類いは、話し手が誰であるかによって、さされるものがちがう。B・ラッセルは、こういう語彙は、自己中心的特殊語であって、物理学や

心理学の方では用いられない単語だと言った（『思想の科学』昭24・1）。三上章は、このような語を総称して、〈境遇性のある語〉と呼んだ（『現代語法序説』）。近頃は、久野暲によって、〈見地〉という術語で考察がすすめられている、一群の語である。

境遇性のある語彙は、代名詞・指示語ばかりではない。「今」「さっき」「きょう」「きのう」「あした」の類いも、その人がいつ発言するかによって、さされる日がちがう。日本人は、欧米人より「きのう」や「きょう」のような語を一般語のように使う傾向があるようだ。芥川竜之介などそういうことを一番しそうもない作家であるが、『羅生門』の中に、

尤も今日は、刻限が遅いせいか、（鳥が）一羽も見えない。

下人は、さっき迄、自分が、盗人になる気でいたことなぞは、とうに忘れているのである。

と書いてある。

G・ショウの英訳では、on this day とか、a little before とか訳しているが、たしかにその方が正しい。日本の作家はこのあたり、語り手よりも登場人物の立場に立った言葉の使い方をすることが多い。一一五ページに述べた、形容詞や動詞「―ている」を現在形のままで過去を表わすのに使うのも、その一つの現われと思う。

「来る」「行く」

動詞の中で、境遇性をもっていて著名なものに、

来る――話し手に近づく移動　　行く――それ以外の方向への移動

くれる――話し手に向かう物の移動　　やる――それ以外の方向への物の移動

がある。「来る」「行く」が、英語の come, go の用法と一致しないことがよく話題になる。英語では、約束した場合、

I will come to your house tomorrow.

というが、日本語では、

あした、おまえの家へおれが来るからね

とは言わない。日本語では一般に、相手本位の表現をすると言われながら、この語類に限って、自分本位の表現をするのは注意される。もっとも、日本語でも、九州と山陰地方の方言では、行クと来ルの用法が英語と同じになっている。

「行く」と「来る」は、「―ていく」「―てくる」という形で、補助動詞としても使われるが、この場合も境遇性が物を言う。

(1)　ずい分この町も賑やかになってきた

(2)　これからはさびしくなっていくかも知れない

森田良行の『日本語の発想』に行き届いた考察があり、(1)のように過去から現在に及んだものには「来る」をつけ、(2)のように未来に進む時には、「行く」をつけることが多い。ただし、その未来の一地点にいると考えた時には、次のような「来る」をつける。

(3) 暗くなってきたら明りをつけなさいね

それから、進行の方向が自分と関わりない方に進んだ場合には、過去の場合でも「行く」を使うこともある。

(4) その後、かれらの夫婦生活はますます荒(すさ)んでいったようだった

「やる」「くれる」については次節に述べる。

一一 人称と敬語

1 人称の区別

名詞の人称変化

金田一京助著『ユーカラの研究』の中には、著者がアイヌ集落を訪ねた時の話が具体的に書いてあるが、アイヌ人に「目はアイヌ語で何と言うか」と尋ねると、アイヌ人はすぐには答えず、「旦那の聞いているのは、おれの目か、旦那の目か、ほかの人の目か?」と問い返し、私の目ならば kushik、旦那の目ならば ashik、ほかの人の目ならば、ただの shik だと答えたそうだ。

注意すべきは最後の shik はあくまでも、ほかの人(単数)の目ということで、「私の」という

言い方は、別に kukor(＝私が持つ) というのはあるけれども、kukor shik と言ったのでは「私のもつ彼の目」という矛盾した言い方になってしまって、「私の目」という意味にはならないのだそうだ。つまりアイヌ人の世界では、あらゆるものが、誰のものかというようにはっきり分かれていて、「私の目」と「あなたの目」「彼の目」の間には、非常に明確なちがいがあることになる。そう言われてみれば、「私の目」は針でさすと痛いが、ほかの人の目は針でさすと、当人は痛そうな顔するが、私としてはちっとも痛くない、そんなことから全然別のものだという考えがあるのであろうか。

『ユーカラの研究』によると、「目」はさらに「われわれの目」「おまえたちの目」「彼らの目」というように変化するそうだ。こういう名詞の人称変化は、案外もっている言語が多いものだ。日本語といろいろな点で似ているトルコ語にもそれがあって、

babam(私の父)　　baban(おまえの父)

のように言い、ハンガリー語・アラブ語にもこの区別があるという。

アメリカ・インディアンの諸言語では、この区別はことにやかましいもののようで、レヴィ＝ブリュルの『未開社会の思惟』によると、北アメリカの多くの原住民の言語で「目」や「耳」という単語は、必ず「私の目」とか、「あなたの目」とか、「彼の目」とかに分かれていて、ただ「目」とか、ただ「手」とかいう言葉はないという。それで、もし野戦病院の手術台

から落ちた腕を彼らが見つけたら、彼らは「私は何人かの彼の腕を見付けた」と言うだろうというう。このような言語では、たとえば「目は物を見る道具である」というのは、どう表現するのだろうかと心配になる。

私の目は私が物を見る道具であり、あなたの目はあなたが物を見る道具であり……

というのであろうか。

われわれが学校で英語を習うと、

I see …… with my eyes.　　You see …… with your eyes.

というように言えと言われ、うっかり my や your をぬかすと叱られた。私は私の目で見るにきまってるじゃないか、誰がほかの人の目で物を見るやつがあるか、などと考えて不満だったが、ヨーロッパ人の間でも、日本人は感じていないような、一つ一つのものについて「誰の」「誰の」という未開時代の考え方が残っているのであろうか。

「尻を押さえろ！」

日本人は、誰のものかという点にルーズな民族かもしれない。その点、勘がわるいと言葉が通じないこともある。笑い話に、自分が乗っているハシゴが倒れそうになって落ちかかった主人が、下に立っている小僧に「尻を押さえろ！」と命令した。が、小僧が体をささえてくれないので、とうとう床に転落してしまった。見ると小僧は一生懸命になって、自分の尻を押さえていた、というのがあるが、こういう間のぬけたことは英語やアイヌ語には起こらない。

動詞の人称変化

日本の動詞には人称の区別がない。たとえば、「愛する」ということは、話し手の動作としても、相手の動作としても、第三者の動作としても言える。われわれは何とも思わないが、これは、ヨーロッパ人などにはきわめて珍しい性格らしい。

ドイツ語では、lieben(愛する)は、私(ich)の時は liebe、相手(du)の時は liebst、第三者(er または sie)の時は er (sie) liebt と変わり、もしそれぞれが複数ならばまた変わる。世界の言語には、こういう方式の方がふつうで、インド・ヨーロッパ諸語は全部(英語、それに次いでフランス語の話し言葉には、かなり特徴が少ないが、それでもないわけではない)、ハンガリー語のようなウラル語にもあり、アルタイ語でも、トルコ語にはあり、モンゴル語も方言によってはそのちがいがあり、アフリカの諸語、アメリカ・インディアンの諸語も区別があるのが一般らしい。名詞にやかましい人称の区別のあるアイヌ語には、もちろん区別がある。区別がないのは、中国語・朝鮮語やタイ語・ヴェトナム語・ビルマ語・インドネシア語などの東南アジアの諸言語などに多く見られる性格である。

M・ペイは日本語を評して、

Most striking is Japanese insouciance with regard to grammatical person.

と言っている。日本語のどの点より、人称に無頓着なのを驚いているところを見ると、動詞の人称による変化のないことは、よほど珍しいものと見える。

人称を抽象した動作

つまり日本人はすべての人称を抽象した動作を考え、日本語の動詞は原則としてそれを表わす形である。

秋冬風全く凪ぎ、天に一片の雲なき夕べ、立って、伊豆の山に落つる日を望むに、世にかかる平和のまた多かるべしとも思われず。

名文のほまれ高い徳富蘆花の『自然と人生』の中の「相模灘の落日」という文章の一節であるが、この「望む」は、私であっても、あなたであっても、誰であってもいい「望む」であって、この文章は最後まで読んでも、その精神で書かれている。まことに東洋的な自由な文章表現の一つである。

花散るや伽藍のくるる落とし行く　凡兆
雲の峰水なき川を渡りけり　子規

いずれも主語は私、彼、彼らを超越している。

ただし、日本語が主語を言わないために、はっきりしなくなる場合もなくはない。いたずら小僧が二人、柿の実を取りに行った。大きい方が木に登る役をし、小さい方が下で拾う役をしていたところが、小さい方が過ってドブへ落ちてしまった。木の上を仰いで「落ちたよォ」と言ったら、木の上の子は「落ちたら拾えよォ」と言った。下の子が、「ドブへ落ちたんだよォ」と言ったら、上の子は「ドブへ落ちたのは捨てておけよォ」と言ったという。こういう行き方がいは日本語でこそ起こりうるが、第一人称が落ちたのと、第三人称が落ちたのをやかましく区別する多くの外国語では、思いもよらないことであろう。

なお、英語はもちろんのこと、フランス語・ドイツ語では、動詞が人称による変化をしても、その上に「私が」とか「あなたが」という代名詞をつけて、人称のちがいを強く指示している。しかし、ラテン語では人称変化をした動詞だけを示して、「私」とか「あなた」とかいう主語を別に出すことはしない。イタリア語やスペイン語はこの行き方を踏襲している。動詞が人称変化をする以上は、その方が建てまえのようだ。

対格による変化

人称変化について注意すべきことは、言語によっては、動詞がその主格による変化のほかに、対格による変化をすることである。ウラル諸言語はその性格をもっているが、たとえばハンガリー語では、主格と対格と両方をとる動詞の場合、

私は待つ　várom
お前は彼を待つ　várod
彼は彼を待つ　várja
私はお前を待つ　várlak
彼はお前を待つ　tégéd

のように変化する(『世界言語概説』下、徳永康元)。

動詞の抱合

これがさらにアイヌ語になると、「それについて」という格のものまで、動詞に変化を与えるから、動詞はそういうものを抱き合わせて長大な形になる。次の例の - のところは意味の切れ目を表わしただけで、切って言うわけではない。

a-e-yai-ko-tuima-shiramsuipa (我、それについてひとり遠く想いめぐらす)

金田一京助がアイヌ語を、一種の抱合語と呼んだゆえんだ。代表的な抱合語の例は、アメリカ・インディアンの言語にあって、サピアの『言語』によればフォックス語では、

eh-kiwi-n-a-m-oht-ati-wa-ch (i)

と言うと、

それから彼らは一緒になって(彼を)彼らのもとからずっと追払っていた

という意味だという。これも、 - は意味の切れ目で、切って発音するわけではない。

主格が二つの場合

ヨーロッパ語のように人称の変化があると、主格が二つの場合は、共通に使える動詞がなくて困る場合がある。たとえば、日本語では、

これは私かあなたが間違えたんでしょう

と言えるが、英語で言おうとすると、

Either you or I (　) wrong.

の(　)のところに入れる動詞がない。you ならば are であり、I ならば am であるが、you or I

とあっては……。一般にはあとのIをたてて、"Either you or I am wrong." でいいとしているが、イェスペルセンのような文法学者になると、もう一つ動詞を使って次のように言うのが正しいという(『言語』)。これは、動詞が人称変化すればこそのなやみである。

Either I am wrong or you are.

それにつけても、日本語をはじめ朝鮮語・中国語から東南アジア諸国の言語が、人称の使い分けの悩みから解放されている気分は、まことに爽快である。

とはいうものの、ただ一つ日本語にも、人称の変化をもつ動詞・補助動詞がある。

授与に関する動詞

上巻(二三八ページ)で述べたが、授与を意味する「やる」「あげる」対「くれる」「下さる」がそれだ。

「私があなたにあげる」「あなたが私にくれる」と、人称によってちがった動詞を区別し、「あなたが私にやる」「私があなたにくれる」とは決して言わないから、人称変化と言わなければいけない。授与に関する動詞に限り、人称変化を表わすのは、日本人がいかに物の授与を重んじているかを考えさせられるということは前に述べた。

ところで注意すべきことは、この授与を表わす動詞の変化は、一、二、三人称の区別によるものではなく、自分と他人との区別によるものであること、もっと重要なことは、主格によるのではなくて、対格ないしは与格・奪格によることである。

私があなたに
あなたがあの人に
あの人**A**があの人**B**に ｝あげる

あの人が
あなたが ｝私にくれる

というわけである。

これは補助動詞「―てあげる」「―てくれる」の場合もまったく同じである。

それともう一つ、日本語の文法では、人称によって使う言葉が違うものの例として、心理状態を表わすおもしろい言い方がある。たとえば「悲しい」と言う単語
「あなたは悲しい」は、英語では「私は」のときは“I am sad.”「あなたは」のときは“You are sad.”「彼は」のときも“He is sad.”と、みんな同じ形で言うことができる。ところが日本語はそうはいかない。「私は悲しい」はいい。しかし、「あなたは悲しい」とか「あの人は悲しい」というのはヘンだ。他人の気持はわからないという論理である。「あなたは悲しい？」と尋ねるならいい。断定の時はあとに言葉をつけて、「あの人は悲しいらしい」「あの人は悲しいのだ」と言ったりする。それならばいいというきまりがある。恐らく英語の“He is sad.”は、日本語にしたら、

彼は悲しいのだ

に相当する意味であろう。日本語はどうしてなかなか、精密である。

2　敬語のさまざま

日本語だけの特色ではない

日本語の特色という場合に、最も多くの人が話題にすることに敬語の問題がある。

敬語というのは、話題に出てくる人に対する敬意、あるいは、話の相手に対する敬意を表わす言葉である。敬語は日本語だけにしかないと思っている人もあるかもしれないが、地球上の言語の中にはたくさん敬語をもっているものがある。朝鮮語の敬語は日本語と同じように複雑で、中国語・ヴェトナム語・タイ語・ビルマ語にも軒並みあり、インドネシアへ行くと、ジャワ語の敬語が非常に複雑で有名だ。戦前は、ジャワ語の敬語には七つの階層があって、それをいちいち言い分けると言われたものである。それから、太平洋の島の中で、ミクロネシアのポナペ島の言語とサモア諸島の言語はやはり敬語をもっている、と崎山理が言っている。そうして広い意味に解してきわめて単純な形のものも含めるならば、ヨーロッパの諸言語にもないわけではない。

前項で、世界の言語の中で、人称の区別のわずらわしさのないのは、東南アジアの諸言語だと述べたが、その言語にはだいたい敬語表現があって、文法を複雑にしており、結局言語の運用を難しくしているのは偶然とは思われない。

人を呼ぶ場合の敬称

敬語表現の中で最も一般的なのは、人に対する呼びかけの言葉である。いわゆる敬称で、これはヨーロッパの言葉にもある。日本語で言うと、「―さま」「―さん」「―君」となるが、英語では性別により、また女性ならば、既婚・未婚によってMr.―，Mrs.―，Miss―とか言う。ただし、この敬語というのが、日本語と英語ではちょっと違う。英語の方では、たとえば、"I am Mr. Smith."というようなことを言うことがある。アメリカ人から名刺をもらうと、"Miss―"と自分の名刺にMissを付けている人もいる。日本人は、まさか自分の名刺に「―様」と書くことはないので、そういう点は違う。

もう一つ、日本人の場合には、苗字だけではなくて、どんな職業にも「さん」とか「さま」とかを付けることができる。たとえば「駅長さん」「八百屋さん」で、これは英語にはない。駅長はstationmasterで、これに敬意を表して、Mr. Stationmasterと言うことはない。これでは群集の中から駅長一人だけを敬意のこもった言い方で呼び出すことはできない。

日本語にはそのほかに、敬称を表わす言葉がたくさんある。これも英語などとは違う。「―殿」「―氏」「―兄」……と、いくらでもある。

第二人称代名詞の敬語

敬語の表現で、次に世界の言語に普遍的なのは、第二人称の代名詞に関するものだ。これもまたヨーロッパの言語にもある。たとえば、ドイツ語でduと言うと「おまえ」にあたり、「あなた」と言うときはSieという別の言葉を使う。フランス語では tu というのが「おまえ」で、「あなた」という場合には vous を使う。フランスの映画を見て、若い男女がはじめは vous と言っていたのが、途中から tu に変わったとすると、フランス語を知っている人は、この二人は肉体的な関係を結んだんだな、と想像できるのだそうで、筆者などはぼんやり見ているが、まあ、重宝なものだと思う。

日本語には、相手をさす代名詞は、「あなた」「きみ」「おまえ」……とたくさんある。朝鮮語も中国語も、その他東南アジアの諸言語も同様らしい。日本語には「あなたさま」のような高い敬語もあるが、一般に、相手を指す代名詞の格がどんどん下がってきた。

俗謡に「おまえ百まで、わしゃ九十九まで」というのがある。これはいったい男の言葉か、女の言葉か。今の人が考えると、「おまえ」というから男が女に言っているようであるが、そうではない。「おまえ」というのは、元来、目上の人に言う言葉で、ここは女の人の言葉だ。つまり、女の方がだいたい年が若いから、相手には一〇〇まで生きてもらわなければいけない、自分の方は九九まで、と言っているわけである。「君」という言葉も、明治ごろは相当な敬意をもっていたが、今では学生に対して使っても不快そうな顔をされることがある。

尊敬表現の敬語

敬語の問題の第三。ここからはヨーロッパにはない、アジア的な敬語になるが、相手に関係するものには敬意を含めた表現を用い、自分に関係する事物は謙遜した言い方をするというものだ。

まず名詞について言うと、日本語では、相手に関する言葉には「お」をつける。相手の名前は「お名前」であり、相手の顔は「お顔」である。あるいは、相手の子供ならば「お子さま」であり、相手の年齢ならば「お年」と言う。

が、名詞の敬語表現は日本語ではあまり発展しなかった。日本語以上に発達したのは中国語である。日本では「お」か「御(ご)」さえつければいいことになっていて、相手の苗字を日本人は「ご苗字」と言っているが、中国では「您貴姓(ニンクイシン)」と言って相手の苗字を聞く。あるいは、名前を聞く場合には「您尊名(ニンズンミン)」、年を聞く場合には「您高齢(ニンガオリン)」、もし相手が女性ならば「您芳齢(ニンファンリン)」と言う。「貴い」とか「高い」とかいう修飾語を上につけるのである。

日本語も中国語の影響を受けたから、そのような敬語表現が早くから伝わった。「令兄」、「令弟」、「賢兄」(お兄さんのこと)、「厳父」(相手の父親)、「慈母」(相手の母親)などというのはそれで、相手からきた手紙に対しては「玉簡」とか「朶雲(だうん)」などと敬意の表現をするが、いかにも中国らしい表現である。

ジャワ語では、自分の息子・娘は anak と言うのに対して、尊敬すべき人の子女に対しては putra という(石井和子『ジャワ語の基礎』)。「名前」も、自分の名前ならば jeneng であるが、尊敬すべき人の名前ならば asma と言うというように全然ちがった形の単語を使う。これも日本語より発達している。

謙譲表現の敬語

中国では、日本と違って謙遜の意味の表現も発達している。たとえば「私の国」という場合には「敝国(ビイグオ)」、つまり、やぶれた国という。「私の国は日本です」という場合には、「ビイグオ・シィ・リィベン」と言うわけだ。自分の苗字のときには「賤姓(シエンシン)」を使う。こういうのは、日本語にも入ってきて、「愚妻」、「豚児」、「拙稿」(自分の書いた原稿)、「卑見」(自分の意見)などと言う。これはすべて中国の影響で、日本にはこのようなものはあまり発達せず、中国から来たものも文章にしか使わなかった。日本語に「おやじ」とか「せがれ」という言葉もあるが、別にこれには「私の」という意味はない。「あそこにいるよそのおやじは」と言えるから、「私の父」という意味ではない。

中国におけるこのような謙譲表現の発達については、スウェーデンの人で中国語を勉強したカールグレンの本におもしろい例が挙がっている。ある人が一張羅のよそ行きを着て知人を訪問した。応接間に通されて主人を待っていたところが、その家の天井に鼠がいた。それが梁の上をチョロチョロと渡ったはずみに、梁の上に油のいっぱい入った壺が置いてあったのをひっくり返してしまった。そのために、油がちょうど下にいたお客さんの一張羅の服にひっかかり、大事な着物は台なしになってしまった。そこへ主人が入ってきた。その時、その客はこうあいさつしたというのである。「私はやぶれた着物を着てあなたの尊い家に来たところが、尊い家の尊い梁に住んでいる尊いネズミを驚かせ申し(ネズミにも敬意を表わすと見える)、尊い油の入った尊い壺をひっくり返されましたために、私はこのようにみっともない姿で、尊いあなたの前にいることを私は恥じます」(『支那言語学概論』)。現代の中国ではこういう表現はしなくなったようであるが、革命前の中国には、こういった言い方があったと見える。

命令文の表現と敬語

次に動詞の敬語について述べると、最も一般的なものに、命令文の表現がある。つまり、相手に何か頼む、命令する場合に、たとえば、「教えろ」という段階では全然敬意を持っていないが、「教えてくれ」「教えてくれないか」「教えて下さい」と言うと、だんだん敬意を表わしてくる。「教えて下さいませんか」「教えて下さいませ」「教えていただけないでしょうか」、さらに「お教えいただけたらありがたいのですが」というように言いかえると、いくらでも敬意を含めた、上の段階の表現を用いることができる。

これも実は英語にもある。たとえば、"Tell me ......" に対して please をつけて "Please tell me ......" と言うと、ちょっと敬意を表わす。"Will you please ......" あるいは、"Wouldn't you ......" もっと丁重な言い方は、"I wonder if you could tell me ......" となるのだそうであるから、命令文にはヨーロッパの言葉にもあるということができる。

動作をする人への尊敬表現

しかし日本語の動詞に関する尊敬表現は、名詞の場合とちがい、中国語以上に複雑である。それは相手の動作、あるいは、相手に対する動詞の敬語に見られる。たとえば「する」という動詞があると、相手の場合には「なさる」とか

「あそばす」とかいう。「行く」「来る」「居る」という動詞があると、「いらっしゃる」「おいでになる」という表現をとる。「言う」に対しては「おっしゃる」、あるいは「仰せになる」というような言葉もある。「見る」は「ご覧になる」。「着る」「食べる」「呼ぶ」「求める」、これらは一緒になって「お召しになる」。「くれる」というのは「下さる」となって、みんなこのように不規則で、大変難しい。

なかには規則的なものもあって、「動く」に対して「動かれる」「お動きになる」、「歌う」に対して「歌われる」「お歌いになる」、つまり「れる」をつけたり、あるいは「お…になる」というものもあるが、日常頻繁に使う言葉は一般に不規則である。

この動詞の変化は朝鮮語にもあって、日本語と同じような文法的な変化があり、sada(買う)は sasipnida と言い、palda(売る)は pasipnida と言って、「お買いになる」「お売りになる」の意を表わす。中国語では動詞が語形変化しないので、日本語より単純である。ただ、相手の御出でという場合には「光臨(クワンリン)」とか「枉駕(ワンジア)」とかいう単語がある。これらは日本に入って来て、文章語に使われて来た。

動作を受ける人への敬語

以上に挙げた尊敬表現は、動作をする人に対する敬意の表現であったが、動作を受ける人に対する尊敬表現、たとえば「言う」は「申し上げる」、これは言われる人に対する敬意で、言う人に対する敬意は「おっしゃる」である。「見る」は「拝見する」。「ご覧になる」と言うと、見る人に対する敬意となる。「聞く」は「伺う」、「やる」は「あげる」とか「差しあげる」という言い方がある。「もらう」は「いただく」、「見せる」は「お目にかける」と、複雑である。なかには「伝える」―「お伝えする」、「教える」―「お教えする」といったような規則的なものもあるが、不規則なものが多く、日本語の敬語は使いにくい。

この対格または与格に対する尊敬表現で注意すべきは、これは普通の文法書では謙譲表現と説明していることである。しかし主格についての謙譲表現ならば、主格の動作に関するかぎりどんな種類の動詞についてもいいはずだが、実際はそうではない。「立つ」「すわる」「寝る」「起きる」「歩く」「駆ける」などの動詞は、いくら自分の動作でも「お立ちする」「おすわりする」「おやすみする」「お起きする」という言い方をしない。「見る」「聞く」「会う」「慕う」のような対象をもつような動詞で、その対象になるものが自分より上位のものである時に限る。その意味で、対格または与格に対する尊敬表現と見た方がいい。

「参る」「致す」

(1) 週末には伊東へ参りました

(2) きのうはすっかり寝坊致しました

次の問題は、右のような「参る」「致す」である。偉い人か、あるいは相手が伊東にいたのならともかく、そうではなくても(1)の表現ができる。とすると、他の人に関係ないことで自分のしたことを「行く」を使わずに「参る」と言ったと見なければならない。⑵の方はなおさらで、誰にも関係のない動作である。そこでこれは謙譲の表現かと言いたくなる。

しかし、これについては、階層と言葉のところ（上巻、二六ページ）で述べた。「参る」や「致す」は武士階級が盛んに使った単語で、松下大三郎に従って「参る」は「行く」「来る」を、「致す」は「する」を荘重に言った〈荘重語〉だと断じた。日本人は昔から尊敬すべき人の前に出ると、シャッチョコバってかたくなっているのが礼儀正しいやり方だと考えていた。なれなれしく冗談口などきくのは、芸者か太鼓持ちのすることだと思っていた。そこで「行く」の代わりに「参る」を、「する」の代わりに「致す」を使ったのである。

「参る」や「致す」は、やはり上の人の動作には使わないから、謙譲を表わすのだと考える人もあるが、三上章がそれをうまく説明した。「行く」や「する」は敬意を含んでいない。だから尊敬すべき人について、

先生は伊東へ行きました
社長は寝坊しました

とは言わない。「参る」「致す」には敬意が宿っていないのだから、

先生は伊東へ参りました
社長は寝坊致しました

とは言わない。つまり文を荘重にしたところで、その主格に対する敬意は生じないから、先生や社長に「参る」や「致す」はつかないと言うのであって、この説明が正鵠を射ていると思う。ちょっと脱線しかけたが、要するに、「お教えする」のようなのは対格尊敬表現で、日本語には主格尊敬表現と対格・与格尊敬表現とがあることになる。これは、ちょうどハンガリー語に、動詞の人称変化には、主格による変化と対格による変化と両方あるようなものだ。

ジャワ語・朝鮮語の場合

東南アジアの諸言語もこんな風で、主格尊敬表現と対格・与格尊敬表現とがある。たとえばジャワ語は、動詞が語形変化せず、ちがう語彙で表わすことが多い。例をあげれば、「言う」に対しては、単に「言う」という意味の catur という語のほかに、

ngendika または dhawuh(おっしゃる)　　matur(申し上げる)

という形がある類いである(石井和子『ジャワ語の基礎』)。

菅野裕臣の『朝鮮語の入門』によると、尊敬形はすべての動詞にあるが、謙譲形は、大部分の動詞にはないという。これは日本と同じく対格尊敬のせいであろう。

便利と不便

ところで尊敬表現については、このような意見がある。日本語の敬譲表現にはこのようにやかましいきまりがあるので、「日本語は、主格や対格をいちいち言わないでも、それがわかるという便がある」というのである。

(アナタカ)(私ニ)おっしゃったように「行くな」と(私ハ)(彼ニ)申してみたんですけれども、どうしても自分は行きたい、よろしく申し上げてくれ、と(彼ハ)(私ニ)言うので、(私ハ)困ってしまいます。

しかし一方、尊敬すべき人の場合にはこういう言い方、尊敬してはならない人の場合にはこういう言い方ときまっているので、動作をする人が二人いっしょの場合は困る。ちょうどそれは動詞が人称による変化をする言語で、主語が you or I の場合に困るようなものである。

たとえば、社長と一緒にどこかへ出かけることになって、車を待っている。そうして車が来た。そのときにどう言うか。一般には、「車が参りました、それでは参りましょう」で通っていると思う。しかし、これでは本当はいけない。どうしてかというと、社長も出かけるわけだから、「参りましょう」という非尊敬の言い方では社長に対して失礼になる。それではどう言うべきか。「車が参りました。お乗り下さい(これは社長に対する敬意)、私もお供させていただきます」と言わなければ正しい使い方にならないわけである。

話題の人と話し相手の関係

最後に、敬譲表現について注意すべきことは、日本語の敬譲表現の一番難しい点はもっとほかにあることである。これは誰について話しているかということのほかに、日本人は、誰に向かって話しているか、両方を考えに入れなければいけないことである。たとえば自分の父親、これは尊敬すべき人であるから、自分の父親に直接向かって言う場合には、「お父さん、行かれますか」と尊敬表現を使うことができるし、相手が母親ならば母親にとっても父親はいちおう上位の人であるから「お父さんは行かれるようですよ」と言っていいはずである。

ところが、話の相手が自分の学校の先生のような場合には、こうは言えない。先生に対しては、自分の父親を尊敬させることはできない。したがって、そのような場合に「お父さんも行かれます」などと言っては、まず落第である。「父も行くと申しております」というのが正しい言い方である。

この精神は社会へ出ても変わらない。自分の会社の社長の動静について、同じ社の人に話すならば尊敬表現を使うべきだが、ほかの会社の人に言う場合には、社長も自分の身内になるので、もし社長が鈴木という苗字ならば「鈴木が申しておりました」となる。が、これもいつでも自分の社の社長に対しては敬語を使わないのがいいかと言うと、そうでもない。電話の相手が社長の夫人であったりすると、「鈴木が」とは言えない。やはりそのときは「社長は」か、あるいは「社長さまは」と言うことになる。つまり、受話器をとった途端に、この相手は外の人であるか、あるいは社長の身内の人であるか判断しなければならないということになる。これが日本語の敬譲表現の一番難しい点である。

朝鮮語は、日本語に似た点が多く、敬譲表現も日本語同様複雑であるが、この点だけははっきり違う。自分の父親のことは、誰に対しても「お父さまはいらっしゃいます」と尊敬表現でしゃべらなければいけないし、もし尊敬表現をしなければ教養のない人間と思われるそうである。韓国人と話す場合は気をつけなければいけないが、そうきまっているならば、日本語より大分やさしいであろう。

相対敬語は中国から

この話の相手によって敬譲表現を変えるというのは、いわば〈相対敬語〉と言うべきものであるが、日本固有のものだろうか。どうもそうではないようだ。

この相対敬語は、江戸時代に中国から伝わって来たものらしい。中国語では父親に対して、面と向かえば「爸爸」という。これは親しみを表わしていて、日本語の「父さん」にあたる。で、子供は自分の父をほかの人にも「我爸爸」という。「你爸爸」とも言う。が、おとなはそうは言わない。自分の父のことを他人に言う時は「我父親」という。これには敬意も親しみも含まれていない。「你父親」も使う。しかし相手が目上の時はそうは言わず、自分の父親には「家父」または「家厳」を使う。これには謙譲の意が含まれている。そうして相手の父親のことは敬意を含んだ「令尊」または「令尊大人」を使う。母親に対しても全く平行的で、「爸爸」の代わりには「媽媽」、「家父」「家厳」の代わりには「家母」「家慈」といい、「令尊」の代わりにはやはり敬意を含んだ「令堂」を用いる。この言い方を日本人が学んだものと想像する。

日本語の敬譲表現は以上のように難しいものであるが、戦前はもっと使いにくいものだったことを注意しておきたい。

皇室敬語

何よりめんどうなのが皇室敬語で、これを新聞記者が使いそこなってクビになったこともあった。戦前、天皇がお出かけになることは「行幸」といい、皇后・皇太子の場合は「行啓」と言った。今ではどっちの場合も「お出かけ」でいいとなったのははなはだ有難いことである。これは今でも使うようだが、天皇の作られた和歌は「御製」であり、皇后の場合は「御歌」ときまっていた。昭和二〇年八月一五日のラジオを通しての天皇のお声を「玉音放送」と言ったが、あれも皇室敬語の一つだった。

それに準ずる敬語、つまり一般の大衆に対するよりも高い程度の敬語は、皇室の人たち一般に対しても使われた。戦争にさしかかるころ「満州国皇帝」というのが来日し、何月何日、軍艦で横浜へ着くことになった。秩父宮が天皇の御名代でお出迎えに出られ、そのことをNHKからラジオで放送することになったが、その時宮内省からNHKに注文があり、いわく「天皇に対しては最上級の敬語を使うこと、秩父宮に対しては天皇よりも低く、しかし一般国民に対するよりは高い敬語を使うこと、満州国の皇帝に対しては、天皇と秩父宮との中間の敬語を使うこと」ということだったそうだが、放送担当のアナウンサーはまことに大儀御苦労だったと言わなければいけない。

一二　日本人愛用の語法

日本人は人称代名詞を嫌い、使おうとしない傾向があることを前に述べた。それに対して、日本人が文法的に見て好んで使う語句に指示代名詞がある。それも、遠称代名詞を好んで使うようだ。

指示代名詞の愛好

W・A・グロータースによると、日本人と話をしていてまごつく語句の一つに、アレ・アソコ・アノの類いがあり、いきなり会った途端に、「アレからどうしました?」などと聞かれると、一体このアレは何をさすのかと考えて大変だということである。このア(レ)は、まだ話に出て来ない、しかし、話し手も知っており、相手も知っているにちがいないものをさす。つまり「アレ」の時には何を話し手がさしているのか聞き手としては推測してやらなければいけないのであるが、日本人は、お互いに勘を働かせて相手がアレとさすものを簡単にわかるのをいいとする。

日本人がこのアレやアソコ・アノ・アンナを多く愛用する例としては二葉亭四迷の『平凡』の中に、「私」が上京して伯父の家に書生として住み込むくだりがあるが、ここで、伯母とその娘の雪江との会話を次のように写しているのがある。

雪江さんも一寸お辞儀したが、すぐあちらを向いてしまって、

「私いやよ。かあさんがあんなこと言って行かなかったもんだから……」

「だって仕方がなかったんだわね。私だってあんなきゅうくつなとこへ行くよか芝居へ行った方がいくら好いかしれないけど、石橋さんの奥様に無理に誘われてことわり切れなかったんだもの。好いわね。その代わり父様に願って、お前がこの間中から欲しい〳〵って言ってるあれねえ？」

と娘の顔を見て、薄笑いしながら、

「あれを買って頂いてあげるから……仕方がないから」

「私」はぽかんと聞いていたようだが、こういう「あれ」の濫用には、外国人ならずとも困惑させられることがあるようである。

久保田万太郎が書く作品の会話には、一般に指示語の類いが多く出てくるが、次のような

「こう」は、何をさすのか難しい。

うわべはそうでも、底に、そうおっしゃれば、何か、こう、殻にはいったものが隠れています。（『寂しければ』）

ところで、古くは『源氏物語』などでも、こういう指示語がさかんに用いられており、前後の話の筋を知らないものにとっては全くの謎である。浮舟の心境を写したくだりに、

はじめよりあらぬ人と(=人チガイダ)知りたらば、いささかいふかひもあるべきを、(浮舟自身ガ)夢の心地するに、やう〳〵その折の(浮舟ガ)つらかりしこと、年頃(匂宮自身ガ)思ひわたるさま(匂宮ガ)宣ふに、(浮舟ハ)この宮と知りぬ。(浮舟ハ)いよ〳〵恥しく、かの上の思さむことなど思ふに、また猛きこと(=ホカニヨイ方法)なければ、限りなう泣く……

とあるが、ここで「その折」は、この物語の前の巻にちょっと出た、二条院での匂宮・浮舟の一夜のシーンをさす。「この宮」が相手の匂宮をさすのはまだよいとして、「かの上」は、このところしばらく名の出て来なかった中君という女性をさすというのだから難しい。

「あれ」「あっち」の類いは、セックスに関係したいろいろをさすことがあり、察しそこなってもまずく、早合点しても笑われ、難しいことである。佐藤愛子の『坊主の花かんざし』におもしろい例がある。

自動詞の愛好

次に、ひと口に言って、日本人は自動詞が好きで、他動詞が嫌いだ。日本の辞書を引いてみると、自動詞と注記されている単語がたくさん出てくる。英語の辞書などで、*vt.* というのが *vi.* と同じぐらい出てくるのとは大分ちがう。たとえば、心の動きを表わす「喜ぶ」とか「驚く」とかいう言葉が自動詞であることなど、いかにも日本語的である。英語では to be pleased とか、to be surprised のように他動詞の受身の形で言う。

ドイツ語やフランス語でも、このような場合、自動詞を使わず、再帰動詞という一種の他動詞を使う。が、日本語にはこういったものはない。「私自身を誇る」というような言い方は、もともと日本的ではない。「私を驚かす」と言って「驚く」という意味になるという仕組みはなじみにくい。

こういったことは、気持を表わす動詞に限らない。外界のことを描写する動詞でもやはり他動詞を使わず、自動詞を使う傾向がある。たとえば、「煮える」「崩れる」といった言葉は日本語的である。こういうものは、もし英語ならば、すべて、「煮られる」とか「崩される」という他動詞の受身の言い方をする。「煮える」は「煮た状態になる」という意味で〈中相態動詞〉と呼ばれるが、このような意味をもった自動詞はヨーロッパ語にはないようだ。

日本には「煮られる」というい方ももちろんある。しかし、日本語では「煮える」と「煮られる」は違う。「煮える」は、豆が「煮える」というふうに使う。一方、「煮られる」というのは、人間のような生物の場合で、石川五右衛門という大泥棒は最後に三条河原で釜茹でになったと言われているが、そのような場合には「石川五右衛門が煮られる」という。豆が「煮られる」といったら、昔の人だったら豆が熱がって困っているように感じておかしいと思ったにちがいない。といって、「石川五右衛門が煮えた」と言ったら、やっぱりおかしい。日本人はこういう点ではやかましい区別をして来たということができる。

池上嘉彦は『「する」と「なる」の言語学』の中で、

天皇陛下におかせられては、お召しになりました

という例をあげて、「食べる」というような他動詞が「(お召しに)なる」という状態の変化を表わす動詞に言い換えられている例を、日本的な表現の例にあげているが、ここにも自動詞愛用の傾向の現われがある。

「私には妻がある」

日本人は、「私は妻を持っている」というような場合にも、元来は「私には妻がある」というほうが自然だった。なにか、「私」というものがひとつの場所のようである。結局、これも自動詞表現を好んだ例である。

いつか、アメリカの映画を見ていたとき、男が自分の恋人である女に自分の父親を紹介したところがあった。そのあとで、相手の女がその男に向かっていうセリフが、

I love your father.

と言っていた。ところが、日本の字幕にはそうなっておらず、

お父さまっていいかたね

という表現であった。いかにも、このほうが、日本語らしい表現だと思ったことだった。

補助動詞

国立国語研究所で終戦後おこなった語彙調査の結果を今見ることができる。それによると、自立語では「する」「いる」「ある」のような動詞が使用頻度の一位から三

位を占めている。これは、これらの動詞はしっかりした動詞としても使われるが、それよりもきわめて抽象的な意味をもち、それが微妙な意味を表現し分けるのに使われるからである。「書く」という動詞に関して、これらは次のように用いられ、細かいニュアンスを言い分ける。

書こうとする、書きはする、書きもする、書き書きする、書くようにする、書くことにする……

書いている、書かないでいる(「書いていない」とは別)……

書いてある、書きつつある、書くことがある、書いたことがある……

国語研究所の調査では、「する」「いる」「ある」に次いでは、形式名詞「こと」「もの」が多いことが目立つ。これもたしかに日本語に多い。斎藤秀三郎の『和英大辞典』の「こと」「もの」の項を引いてみると、十幾つの用法がずらりと並んでいる。

「こと」は、右のような場合のほかに「書くことだ」「書いたことだ」のような使い方があり、「もの」にも「書くものだ」「書いたものだ」のような使い方がある。

日本語がヨーロッパ語に負けない言葉のニュアンスをよく伝えることができるのは、右の「する」「いる」「ある」「こと」「もの」などの用法に負うところが大きい。学校の文法の教科書を見ると、口語篇が文語篇より貧弱で、日本語は貧しくなった印象を与えるが、これは今の文法教科書が、こういう補助動詞や形式名詞の用法を問題にしていないからだ。

「おく」「しまう」　補助動詞「おく」は元来、「準備工作としておこなう」または「放置する」の意味をもっているが、『坊っちゃん』などには右のような軽い意味のものがある。

(1)　例に似ぬ淡泊な処置が気に入ったから、礼を言ってもらっておいた。
(2)　苦情を言うわけもないからおとなしく卒業しておいた。

「しまう」も、「完了する」または「とうとう実現する」という意味であるが、実際にはもっと軽い意味にも用いられ、ことに関東の人間が多く使うことは広く知られている。

チェンバレンは、『日本語文法のハンドブック』で、この事実についてこう言っている。日本人は「ある」「おく」「くる」「しまう」あるいは「やる」などを用いて、その文を角ばらせないように言い廻すことが大変好きだ。こういう補助語を一つもつけない、ただ動詞だけの表現だと、ブッキラボウに聞こえるきらいがある。

「てやる」　「―て下さる」「―ていただく」は特に日本人がよく使うが、これについては前に述べたし、またあとでも述べる。ここでは同じような、「―てやる」について述べたい。『坊っちゃん』には使用例が多く、こんな風だ。

(1)　ある日の夕方折り戸の蔭に隠れて、とうとう勘太郎をつらまえてやった。
(2)　あんまり腹が立ったから、手にあった飛車を眉間(みけん)へたたきつけてやった。
(3)　きょう学校へ行ってみんなにあだなをつけてやった。

(4)　そんな生意気なやつは教えないと言って、すたすた帰って来てやった。

(5)　これを学資にして勉強してやろう。

(6)　少し町を散歩してやろうと思った。

この「―てやる」はどういう意味だろう。「―てやる」のもとの意味は、一二九ページに述べたが、その動作が先方の利益になるようなある動作をすることを表わすもので、(1)(2)あたりは、それが転じて相手に害を与える意を表わすようだが、(3)(4)は、害を与えるというほどのこともない。それでもこれは相手があるからまだ説明はつきそうだが、(5)や(6)になると、相手がいない。自分にとって多少おっくうなことを心を奮い起こして実行するというような気持がある。要するにあまり、重要な意味をもたない「―てやる」である。

非断定表現

鈴木孝夫は『閉された言語・日本語の世界』の中で、日本の学者の学術論文に、「……であろう」「……と言ってよいのではないかと思われる」「……と見てもよい」といった歯切れの悪い文が多く現われることを指摘し、こういう場合の「……であろう」は、英語には翻訳できない語法だと言ったアメリカの学者の説を引用している。

ちょうど同じように、外山滋比古は『日本語の個性』の中で、イギリス人の学者が、「であろう」の翻訳に手を焼いた話を引用している。筆者など大いに反省させられる話であるが、こういう書き方は日本人の伝統だったのだ。

室鳩巣の『駿台雑話』という本は、戦国時代を題材とした軍物語短篇集というような本であるが、その序文の最後をこう止めている。

……さて児輩に与へて読ましめんとてしばらく残しおきけらし。

自分で書いておいて「残して置いたらしい」もないものだ。よほどきまりが悪かったのであろうか。これは現代に及び、黒柳徹子が、一時、「おなかがすいたようよ」「なにか食べたいようよ」という言い方をはやらせたのもこの例だ。

しかし、このような断言しない言い方の中に、聞き手に対する配慮が入っている場合もあることは注意しておきたい。日本人は喫茶店に人を誘う時、こう言う。

いかがですか、コーヒーでも

この「でも」は何か。「たとえば」の意味である。相手はコーヒーがきらいかもしれない。それならば紅茶でもいい、という含みをもっている。英語ならば、

Will you take some coffee?

というところで、for instance などという言葉は入る余地がない。

石黒修が書いていたが、九州へ飛ぶ飛行機の中で、機体が急にゆれはじめ、乗客一同ベルトを締めるようにアナウンスがあった。たまたま彼の隣りの乗客は馴れないらしく、普通のバンドの時のようにバックルに通そうとして手間取っているのをスチュアーデスが見咎（みとが）めて、

反対にお通しになった方がよいのではないかと思いますがと言ったそうだ。これは「反対に通すのです」でよいところであって、物やわらかな言い方の効果ということを考えさせられた、というのが石黒の趣旨であった（『言語生活』昭35・8）。このような場合、いらだっている乗客の気持をいたわる効果は大きかったにちがいない。

しかし、こういう言い方に対して不快に思う人もあるらしい。「坊っちゃん」は、中学校で勤務中、宿直の退屈さに閉口して道後の湯へ行ったが、その帰り、不運にも校長に見つかってしまった。その時校長は「あなたは今日宿直じゃなかったですかね」と遠まわしに言ったことを、いやみだと排撃した。『吾輩は猫である』では、鈴木の藤さんという苦沙弥先生の知人が、「来たがってるんだろうじゃないか」と言って、苦沙弥先生から「だろうたはっきりしないことばだ」と一喝されている。

否定語句　日本語の愛用語句というと、日本人は否定表現が好きだということを言わなければいけない。日本語の表現と英語の表現を比較すると、英語では肯定で言っているものを日本語では否定で言っている多くの例がある。

It may rain. ——雨が降るかもしれない

You have to take an umbrella. ——あなたは傘を持っていかなければ

This is all I know about it. ——私はこれ以上のことは知らない

It was more than he could understand. ——それは彼にはわからなかった

終戦直後、アメリカのＣＩＥの人が、日本の文部省に来た時に、ある部屋の中に「このドア使用禁止」という貼紙がしてあったのを見て、「何という不親切な注意書きだ」と言ったという。向こうの人の説明によると、アメリカではこういう時に、「もう一つのドアを御使用ください」と書くのだということだった。

日本人はまた、

四時にならなければ帰って来ません

と言ってふだん意を通じているが、小出詞子によると、これは日本語に熟達したアメリカ人でも通じにくいという。「ならなければ」「帰りません」と二度否定表現が用いられると、帰るのか帰らないのかわからなくなってしまうという。たしかに、「彼は四時以後に帰ります」と言えば言える。日本人はこのような裏からの表現が好きである。

堀川直義は、日本人が否定文を好むのは、断定を喜ばない、そこで、「……である」の代わりに「……と言える」と言い、さらに、「……と言えなくもない」と言いたくなるんだと説明している(『話しことばにおける日本人の論理』)。ひどいのになると、「不賛成でないということもなくはない」という四重否定の表現さえ出てくる、とある。

徳富蘆花の『不如帰』の次の箇所など典型的な日本の文章である。

然れど二人が問は、顔見合し其時より、全く隔なき能はざるを武男も母も覚えしなり。浪子の事をば、彼も問はず、此も語らざりき。彼の問はざるは問ふことを欲せざるが為にあらずして、此の語らざるは彼の聞かむことを欲するを知らざるがためには、あらざりき。

……、といったような意味になるわけであるが、ちょっと意味がとりにくい。

彼すなわち武男が黙っていたのは、多少聞きたい気持もあったのだけれども、こらえていた

我コレッヂの奇才なく
バイロン、ハイネの熱なきも
石を抱きて野に歌ふ
芭蕉のさびを喜ばず
(与謝野寛「人を恋ふる歌」第四連)

徹底した否定表現で、それでは何になりたいのかと尋ねたら、どう答えるのだろうか。

Ⅵ　文法から見た日本語（二）

一　センテンスとその種類

1　センテンスの形と長さ

センテンスの形

日本語では、文――センテンス(sentence)は、かなりはっきりした単位である。小学校で生徒に作文を書かせてみると、読点の、を打つ場所はなかなかうまくゆかないが、句点の。を打つ場所は、二年生ぐらいになれば、たいてい正しいところに打てるようになるという。

たとえば日本語で、

私は八九歳になるお婆さんを知っている

とあったら、この言葉は「は」という助詞を受けて「知っている」という語が来たということでまずセンテンスが終わったと感じる。ところが英語では、

I know an eighty-nine-year-old lady

とあったのでは、どこにもここで切れるという徴証はない。ここで切れるのかもしれないし、

who lives in Shizuoka

と続くかもしれないし、さらにその次に、

all alone

と続くかもしれない。

日本語の正字法では、文の初めの文字を変えることをしない。また、ある種の文章——終戦時までの手紙文など——では、句読点なしで書かれることがあった。が、それでも、大体、文の切れ目は見当がついた。これは、漢字と仮名の混用ということも原因であるが、そのほかに、文の終わりに用いられる語句や語形がきまっていることにもよる。

日本語のセンテンスの終わりがはっきりしていることは、文学者の側からは、しばしば不満がもらされている。佐藤春夫はこれを「ラッパ節のうたい出しか、どものようだ」と言った。これは気にしだすと、たしかに気になる。が、センテンスの終わりが明確だというのは気持のいいことである。少なくとも、正確にこちらの意図を伝えようとする文章においては、終わりが明確だということは一つの長所である。考えようによっては、さらに進んで美的見地からいって

も、一定の音なり文字が来てセンテンスが終わっていくというのは、一種の形式美だと見られないか。

芥川竜之介の名作『六の宮の姫君』は、全篇のセンテンスがすべて「―た」で終わっている。この、長短いろいろのセンテンスが一様に「―た」「―た」「―た」で終わっているのは、たとえば、箏の「六段」の曲の初段のところで長短の旋律が一様に短音階の主音で、……ラ、……ラ、……ラと終わっているような均整美を感じさせる。

しかし姫君はいつの間にか、夜毎(よごと)に男と会うようになった。男は乳母の言葉通りやさしい心の持ち主だった。顔かたちもさすがにみやびていた。その上姫君の美しさに、何も彼も忘れている事は、ほとんど誰の目にも明らかだった。姫君も勿論この男に、悪い心は持たなかった。時には頼もしいと思う事もあった。が、蝶鳥の几帳を立てた陰に、灯台の光を眩(まぶ)しがりながら、男と二人むつびあう時にも、嬉しいとは一夜も思わなかった。

日本人のセンテンスのとめ方

日本語は、こんなふうで、センテンスの最後がきわめてはっきりしている。ところが、日本人はこの性格を利用しているというよりは、むしろもてあまして来た。日本人は、はっきり文章が終わってしまうと、何か切り口上のような、そっけない――今のことばでいえば、ドライな感じがすると考えていやがった。

電話のベルがなって、女の人が出る。

ハイハイ、渡辺でございますけれども……

外国人は、よく、この最後の「けれども」はどういう意味だとたずねる。どういう意味もない。切り口上をさけたのである。あるいは次に来ることば、たとえば「何か御用でございますか」というようなことばを略したというべきかもしれない。どっちにしても、はっきり切れるべきところで文章を切ることを避けていることはたしかである。その結果、センテンスの途中でセンテンスを切る。この傾向は、特に女性の表現に多い。そうして、中には、もうそれが固定してしまい、略したという気持が感じられなくなったものもある。

ちょっと待って。(あとに「ください」が来て終わるはず)

あたし、きらい。(あとに「です」が来て終わるはず)

だって燃えないんですもの。(元来は「ものを」で、あとにほかの語句が来る語だった)

これ頂戴！(あとに「させてください」が省かれたたか)

こういう言い方は、昔からあった。今の日本語で、動詞には、文法でいう終止形と連体形との区別がない。たとえば、両方とも「する」「する」だ。これは、実に特異な言語である。が、平安朝ごろまでは、ちゃんと区別があった。終止形は「す」、連体形は「する」だった。ところが平安朝の末頃、終止形で終わるのがドライだというわけか、文の最後に連体形を用い、終わるような終わらないような口調で文をとめるのがはやり出した。

何ごとのおはしますかは知らねども　かたじけなさに涙こぼるる　西行法師

この歌などは、今から見ると古めかしい歌だが、当時としては、きわめて新鮮な新時代的な表現だったにちがいない。今の動詞で終止形と連体形とがいっしょになっているのは、こうして、連体形を終止形に使うのが当り前になってしまったからである。

今、男の言葉と女の言葉を比べると、女は「だ」という助動詞を使うことが少ない。

ほんとうだよ——ほんとよ

そうだねえ——そうねえ

上は男の言葉で、下は女の言葉だ。なぜ女は「だ」を避けるか。これは「ダという助動詞をさける」と言っては正しくない。「だ」という助動詞が語形変化をする、そのうちの終止の形の「だ」を避けるのである。「だ」という助動詞は、連体の形と終止の形がちがう唯一の単語である。「だ」というと、いかにもセンテンスが終止した感を与える。だから、これを避けるので、これも、終止の形を避けるあらわれである。

日本語には、昔から、切れるともとれ、続くともとれる文章の書き方がある。次のような俳句や歌の□の箇所は、切れているのだろうか。続いているのだろうか。

鎌倉や御仏なれど釈迦牟尼は美男におはす□夏木立かな　与謝野晶子

ひるがほの花に乾くや□通り雨　子規

「鎌倉や」の方は「釈迦牟尼は」と題目を表わす「は」があるから、□のところで切れているはずである。一方「ひるがほの」の方は、「や」が文の途中に入り得る助詞だから□のところは続いているはずである。しかし、この二つは同じような感じで、どっちも切れているような続いているような印象を与える。このはっきりしないところが魅力になっているに相違ない。

日本人は、センテンスがはっきり切れてしまうのを恐れた。この結果、日本人は切れんとしては続き、縷々として数ページに及ぶような文をよしとした。

センテンスの長さ

井原西鶴という人の文章は、多くの省略があるから、簡潔な文章の見本のように言われるが、センテンスは、板坂元が指摘したように、決して短くはなかった。次の文章は、『世間胸算用』の中の一文で、奈良の歳末を描いた名文と言われるものであるが、「―て」「―て」をくり返しながら延々と続いてゆく。

されば大年(=大ミソカ)の夜の有様も、京大坂よりは格別静かにして、よろづの買ひがかりも、有るほど(=アルダケ)は随分すまし(=支払イ)、「この節季にはならぬ(=支払エナイ)」とことわり言へば、掛取り聞きとどけて、ふたたび来ることなく、さし引き(=収支ノ決算)は四ツ切(=午後一〇時カギリ)に奈良中が仕舞うて、はや正月の心、家々に「庭いろり」とて、釜かけて、焚き火して、庭に敷物して、その家内、旦那も下人もひとつに楽居して、不断の居間は明け置きて、所ならはしとて、(形ガ崩レヌヨウニト、竹ノ)輪に入りたる丸餅を庭火にて焼き喰ふも、いやしからずにふくさ(＝ユタカサ)なり。

樋口一葉や、谷崎潤一郎も長文を書いた作家で、一葉の『十三夜』の巻頭の文は、切れんとしては続き、二〇〇行以上に達している。そうして、戦後の作品でも野坂昭如の『火垂るの墓』など、四〇〇字詰め原稿用紙一枚ぐらいのセンテンスが現われる。

文学作品から評論文に移っても同じこと。かつて『展望』に載った巻頭論文、蓮實重彦の「言葉の夢と批評」は、

たとえば「批評」を繞って書きつがれようとしながらいまだ言葉たることができず、ほの暗く湿った欲望としての自分を持てあましていただけのものが、その環境としてある湿原一帯に漲る前言語的地熱の高揚を共有しつつ漸くおのれを外気に晒す覚悟をきめ、すでに書かれてしまった夥しい数の言葉たちが境を接して揺れている「文学」と呼ばれる血なまぐさい圏域に自分をまぎれこまそうとする瞬間、あらかじめ捏造されてあるあてがいぶちの疑問符がわれがちに……

といった文章で、山鳥の尾のしだり尾の、この二倍ぐらい行ってやっとピリオドになった。

このように日本語のセンテンスが長いことは、中国語などといちじるしい対象をなす。中国語は文学作品でもセンテンスがいちじるしく短い。

晋太元中、武陵人、捕魚為業。縁渓行、忘路之遠近。忽逢桃花林。夾岸数百歩、中無雑樹。

芳草鮮美、落英繽紛。漁人甚異之。……（陶淵明『桃花源記』）

ドイツ語は、比較的センテンスの長いのが有名で、たとえばカントの文章などには一つのセンテンスが三ページ以上にわたって延々と続くのがあるという。日本の文章はこの点で、ドイツ語に似ている。が、注意すべきは、ドイツ語ではいくら長文になっても、全体の趣旨は明快だということである。それは、ドイツ文の構造は、主な文章が完全に終り、あと関係代名詞をすえてそれから新しい次の文へつないで行くからである。

日本語で長いセンテンスを書くと、最初の題目なり主語なりを受ける述語動詞ははるかうしろにいく。そうしてその間にたくさんの小さいセンテンスの卵のようなものが割って入る形になる。これでは聞く人、読む人は、話の中心思想が分からないではなはだ苦しむ。われわれの日本語では、つとめて短いセンテンスで文章を書かなければならない。

2　センテンスの種類と特色

センテンスの分類

〈センテンスの分類〉というと、昔の文法書では、〈平叙文〉〈疑問文〉〈命令文〉〈感動文〉などとあったものだ。終戦までの中学校の文法教科書はたいていそうだった。

これは、ヨーロッパ語の文法書の分類を――しかも旧式な分類を日本語にそのまま流用したもので、日本語のセンテンスの性格とは無関係のものだった。英語などでは、命令文には〈主語〉が用いられない、とか、疑問文のときは〈主語〉と〈述語〉との位置が変わる、とかいうきまりがある。しかし、日本語のいわゆる〈主語〉などは、はなはだ影の薄いもので、用いられないことがたくさんある。また、センテンスの構成要素の順序は、あとに述べるとおり非常にがっちりしている。センテンスの種類がちがったぐらいでは、位置がひっくりかえらない。だから、日本語のセンテンスの分類は、全然ちがった立場から行われるべきだった。

では、日本語のセンテンスの分類は、どうすべきか。松下大三郎以後、多くの学者が研究を重ね、次第に日本語の性格に即したものが出来てきた。が、今のところ一番先頭をいくものは、芳賀綏によるものである。彼によれば、あらゆるセンテンスは、まずこんなふうに分けられる。

(1)　述定文――表現される内容についての、話者の気持を表わすもの

雨が降る。　〈断定〉による統括
花は美しい。　〈〃〉
雨が降るかしら。　〈疑い〉
君は学生か。　〈〃〉
雨が降るだろうなあ。　〈推量〉+〈感動〉
ぜひ会ってみよう。　〈決意〉
二度と買うまい。　〈〃〉

雨！　〈断定〉＋〈感動〉
雨だ！　〈〃〉
あらっ！　〈感動〉

(2)　伝達文——相手への伝達の気持を示すもの

行け。　〈命令〉
乾杯！　〈誘い〉
お嬢さん！　〈呼びかけ〉
はい。　〈応答〉

(3)　述定＋伝達文——表現される内容についての話し手の態度と、相手への伝達の気持との両方を示すもの

雨が降るよ。　〈断定〉＋〈告知〉
雨が降るわよ。　〈断定〉＋〈感動〉＋〈告知〉
雨が降るだろうね。　〈推量〉＋〈もちかけ〉
雨？　〈疑い〉＋〈もちかけ〉

ここで注意すべきは、〈呼びかけ〉の文は、〈感動〉の文と似ているがちがうことだ。むこうから、お嬢さんが来るのに気づき、「あっ、お嬢さん！」と叫ぶ。この「お嬢さん！」は、「お嬢

さんだ！」と、下に「だ」を補うことができる。一方、呼びかけるときに、「お嬢さんだ！」と言って呼びかける人間はいない。呼びかけの「お嬢さん！」と、感動の「お嬢さん！」とは、形は同じでも、いっしょにしてはいけない。

また右の分類の(1)と(3)は、表現される内容についての話し手の態度を含む点で、センテンスらしいセンテンスである。ふつうに思い浮かべられるセンテンスの例は、たいていこれに属する。(2)は、これに対して特別のセンテンスで、おおむね形も短い。

このセンテンスの分類は、日本語のセンテンスの構成上の特色をよく示している。

文末の表意語句

第一に、センテンスの根本的な性質を表わす語は、原則としてセンテンスの最後に来ている。芳賀の分類の、「雨が降るかしら」の「かしら」、「雨が降るだろうなあ」の「だろう」「なあ」などいずれもそれだ。これは、日本語で、「二つの語句をつなぐときに、主になるものがあとに来る」という鉄則があるからで、次節で改めてふれる。

第二に、第一の特色に関係するが、

かしら、だろう、なあ、よ、わ、ね……

のような話し手・書き手の主観を表明する語がたくさん用いられることだ。沢田治美は、英語と比較して、日本語では主観を表わす語句が文末に来ることが多いのを著しい特色とした（『言語研究』昭50・12）。

『シナリオと口語表現』の著者・喜多史郎(ふみお)は、日本語の「ね」「よ」「な」「わ」などの類いの意味を表わす語句を〈表意語句〉と名づけ、英語の I say, I think, I see, I mean, I tell you, I am afraid, I am sure, you see, you think, you know ……にあたるものと言っている。

しかし、英語のこれらの語は、日本語の「ね」「よ」「な」「わ」……に比べて、使うことがはるかに少ない。そうして、これらは、語源的にはすべて I とか you とか、あるいは say とか see とか客観的な意味の語から転来したものである。つまり、日本語の「ね」「な」などが語源が不明で、おそらく感動詞から来たものと推量されることと、いちじるしい対比をなす。

尾崎紅葉の『金色夜叉』の一部にこういう会話がある。娘はお宮である。

母「まあ、お聞きよ。それはね……」

娘「おっかさん、いいわ――私いいの」

母「よかないよ」

娘「よかなくってもいいわ」

母「あれ、まあ。何だね」

傍点をつけたのは、全部この〈表意語句〉で、主観的な語だ。ところがこれを英語になおしたらどうなるか。A・ロイドは『英訳・金色夜叉』の中でこのへんの会話をこう訳している。

"My dear child, listen to me, I think ……."

"I don't want to listen to you. …… I don't care for anything."

"What foolishness is this! There is nothing to weep about. I will talk it all over with your father when I go home ……."

主観的な意味の単語は一つも用いていないことに、注意すべきである。

なぜ日本語のセンテンスにはこのような表意語句をつけたものが多いか。センテンスの終わりをハッキリさせまいという気持が大きく働いていそうだ。「よかない」「よかなくってもいい」と言うと、いかにも断言しているようで、強く響く。「よ」とか「わ」とかが加わると、それがカモフラージュされる——たとえば、素足で指が一本一本見えると品が悪いから足袋をはく、といったような気持だ。

日本語の主語と題目語

日本語のセンテンスの構成の特色の第三は、いわゆる〈主語〉というものの影が非常に薄いことだ。すでにちがう例で第V章(八三ページ)に触れたが、たとえば、日本語で、

(1)　春が来る

と言う。これは英語にすれば、

(2)　Spring comes.

であるが、英語の springは、「春」であって、「春が」ではない。"Spring comes."を日本語に

すれば、こうなる。

春、それが来る

英語では「春」と「それが来る」の間に断層がある。だから、英文法で「センテンスは主語と述語とから成る」という。日本語の「春が」は完全に「来る」に従属している。「春が来る」全体が一つになり、その上にいわゆる断定の語気が加わっている。この日本語の性格のちがいを発見したのは、『現代語法序説』の著者・三上章だ。彼はこの性格のちがいを説いて、英文法は〈主語・述語の二本立て〉、日本文法は〈述語の一本立て〉と裁決した。

彼の言うように、日本語の主語は、実は〈主格補語〉だ。それは〈目的格補語〉や、その他いわゆる〈格助詞〉がついた〈名詞〉と対等に並ぶものにすぎない。この関係を整理すればこうなる。

英語・ドイツ語・フランス語

甲

それが {乙に / 丙を} 紹介する

日本語

{甲が / 乙に / 丙を} 紹介する

こんなわけだから、日本語では主語の有無は、センテンスの分類には全然関係しない。英語では〈命令文〉には主語がないという。日本語ではりっぱに主格補語が命令文にあらわれる。

おれはあやまらぬ、おまえ**が**あやまれ

早く実が
なれ、柿の種

このような、主格が述語の中に取り込められる表現法は、世界の言語の中でも珍しいのだろうか。朝鮮語には、日本語と同じような主格を表わす助詞がある。恐らく朝鮮語もやはり述語一本立ての言語であろう。ほかには、ビルマ語に主格の助詞があるように報告されているが、どうもそれは日本語の「は」のような助詞で、次に述べる〈題目語〉を表わすもののようだ。

題目語と叙述語

こんなわけで、日本語の主語は、はなはだ影が薄い。その代わり、日本語のセンテンスは、他の原理によって、二つの部分に分かれている。

題目語――叙述語

だ。こういう構造のものがあることは、日本語のセンテンスの第四の特色である。

佐久間鼎は、芳賀綏の分類で(1)の述定文や(3)の述定＋伝達文のようなセンテンスの中を分けて、〈品定め文〉と〈物語り文〉との二つにした。題目をあげて、その題目のもとに叙述をするのが〈品定め文〉で、大体、ヴァンドリエスの〈名詞文〉にあたる。題目なしに叙述だけをするのが〈物語り文〉で、これは彼のいわゆる〈動詞文〉だ。例をあげれば次のようである。

(イ)　品定め文　　あれは富士だ(ね)。　富士は日本アルプスよりも高い(よ)。　富士は静岡・山梨の県境いにある。

(ロ)　物語り文　　富士が見える(わ)。　富士が雲に隠れた(ぞ)。

(イ)では、「あれ」「富士」が叙述の題目で、「富士だ」「日本アルプスよりも高い」はその説明だ。(ロ)の「富士が見える」は、(イ)とちがい、題目の部分と叙述の部分に分かれないのが特色である。もっともこれに対して「話の題目は、富士が見えているその全景ではないか」という疑問が出るかもしれない。しかし、そうだとすると、「あれは富士だ」の題目は、「あれが富士である事実」だ、ということになる。また、「富士が見える」というセンテンスの上に、「あれは」というような語句が省かれているのだと解することもできない。「あれは富士が見える」ではセンテンスをなさぬ。つまり(ロ)のセンテンスは、(イ)のセンテンスと全くちがった発想によるもので、(ロ)には(イ)におけるような題目はないと考える方がよい。

ヴァンドリエスに言わせると、センテンスのこの名詞文と動詞文の別は、どの国にもあるという。単語に名詞と動詞の区別のない言語はあっても、この二つの文の区別のない言語はないだろうとまで言っている。が、ヨーロッパ語などでは、この区別があまりはっきり形の上にあらわれないようだ。そこへ行くと、日本語では実にこの区別がはっきりしている。「は」という助詞があるからだ。

佐久間は、この品定め文と物語り文の区別がはっきりしていることをもって、日本語の長所と数えている。彼によると、ヨーロッパでは、この区別がはっきりしていないために、西洋で発達した形式論理学では妙なことをやっているという。たとえば、

　馬が走る。

というセンテンスがあると、これは一つの判断をあらわしたものだなどと言って、

　馬は走るものなり。

と改めて、そうして論じる、というようなのがそれである。ところが、日本語では、(イ)(ロ)の例で見られるように、ちがいがきわめてはっきりしている。(イ)には助詞の「は」が使われ、(ロ)には使われていない。(イ)と(ロ)のうちで〈判断を表わす〉というべきものは、(イ)のセンテンスだけである。こんなことから佐久間は、日本語のこの性質をもって、日本語をヨーロッパ諸語以上に論理的な言語だと考えていいと言った(『日本語の言語理論的研究』)。もし、アリストテレス以下の哲学者の母国語が日本語だったら、ヨーロッパの論理学はよけいなまわり道をしないですんだかもしれない、ということになる。

日本語の名詞どめ表現

ところで日本語のセンテンスについて、次に注意すべきは、品定め文の中にも、題目の部分を言わないことがあることだ。

　あの山は何だ？

に対して、

　(a)　富士だ！

と答えたときのセンテンスがそれだ。「富士さ！」「富士だろう」もこれに準じる。これは上に

「あれは」を補って、「あれは富士だ！」のように言うことができる。つまり、(a)の「富士だ！」は、品定め文の片割れだ。ここまではいい。難しいのは、(a)の「富士だ！」に似て、物語り文にも、ただ、「富士だ！」というのがあることだ。たとえば、東海道新幹線に乗って、東京から西へ向かって行ったとする。はからずも右手に雪をいただいた雄大な富士を望み見た。思わず、

(b) 富士だ！

と言った時の「富士だ」がこれだ。これは上に「あれは」が略されたのではない。もし、くわしく表現するならば、「富士が見える！」となるべきものだ。つまり、(b)の「富士だ！」は物語り文を圧縮した形である。この(b)の「富士だ！」は、ただ「富士！」と言うこともある。これは、「あれは何？」と言われて、「富士だ」とか「富士」とか答える場合とは、ちがった種類のセンテンスである。

このようにして日本語の名詞だけのセンテンス、名詞＋「だ」という形のセンテンスには、品定め文の片割れと、物語り文の圧縮した形と、二種類のものがある。これは『国語法文章論』の著者・三尾砂の創見である。

以前の学者は、(a)の「富士だ」には気づいたが、(b)の「富士だ」には気づかなかった。(b)の「富士だ」の発見の意味は大きい。和歌・俳句における名詞どめや、それに似た形のものがす

べて説明できるからだ。名詞に「かな」をそえたものもこれだ。

秋風にたなびく雲の絶えまよりもれ出づる月の影のさやけさ　藤原顕輔

多摩川の浅き流れに石投げて遊べば濡るるわがたもとかな　若山牧水

荒海や　佐渡によこたふ天の河　芭蕉

ほととぎす　一二の橋の夜明けかな　其角

四五人に月落ちかかる踊かな　蕪村

山田孝雄はこういうセンテンスをすべて〈喚体〉のセンテンスと呼んで、感動の表現とみた。彼のセンテンスの分類は、多くの学者に重んぜられた提唱である。

しかし、これらを感動表現と見て、

人恋し　ひともしごろを桜散る　白雄

のようなのを感動表現でないと見るのはおかしい。

「秋風に……」の歌を例にとれば、「影ぞさやけき」と言っても――つまり、主語・述語の表現をとってもいいところだ。それを主語・述語一体の表現をとって「影のさやけさ」と言ったのだ。「影のさやけさ」と「影ぞさやけき」とを比べて「影のさやけさ」の方が感動が強いということはない。しいていえば、言い方がひきしまっているぐらいのところだ。これは「影のさやけさなるかな」とでも言うべきところをはしょって言った語気だからである。

二　語句の並べ方

センテンスは原則として単語の集まりである。中には、

　火事！

というような、いわゆる〈一語文〉もあるが、ふつうは、二語、三語……それ以上の単語が集まってできている。

ことばの並べ方の原理

単語を並べてセンテンスを作るとき、その並べ方については、それぞれの国語によりきまりがある。日本語にはどのようなきまりがあるか。

萩原朔太郎に「日本語の不自由さ」という文章がある。それによると、彼の祖父は、生前口癖のように言っていたそうだ。

　日本は世界で正道を歩む唯一の国だ。なぜならば見よ。西洋の言葉でも支那の言葉でも皆逆さまに引っくり返って読むではないか。日本語だけが真直であり、正しく逆立ちしない言葉だから……

これは、人は一般に自分に馴れたものを、正しいように思うという心理をあらわしておもしろい。が、この言葉は、無邪気な子供っぽい見方として簡単にしりぞけることができない面が

ある。それは、日本語の語句の立べ方は、一非常に大きな法則のもとに一貫している」と言えるからだ。その法則とは、「Aの語句がBの語句に従属しているとすれば、Aは常にBの先に立つ」という法則である。たとえば、われわれは、

白い　花

と言う。この場合、「白い」は「花」に従属している。その証拠に、「白い花」は「花」の一種であって、「白い」の一種ではない。「花」の中に「白い花」「赤い花」「大きな花」「小さい花」などいろいろの花がある。そのうちの一つだ。だからもし、「白い花」が、ほかの言葉へ続いていくとすれば、それは「花」の続き方と同じ続き方をする。「花が」「花を」と言えるように「白い花が」「白い花を」と言える。すなわち、「白い」は「花」に従属しているのだ。

美しく　咲く

は同様に、「咲く」の一種であって、「美しく」の一種ではない。「花が咲く」「庭で咲く」も同様に「咲く」の一種であって、「花が」「庭で」は「咲く」に従属している。だから「美しく」でも、「花が」でも、「庭で」でも、「咲く」の前に立つのである。

従属する・従属されるの関係は、前に立つ語に意味の上で重量がある場合には、うしろの語が従属しているように見えることがある。

咲いて　いる。　咲く　ところだ。

のような場合がそうだ。しかし、これも文法上は「咲いて」は「いる」に、「咲く」は「ところだ」に従属している。「咲いている」という語句が、どういうことばへ続いていくかは、ひとえに「いる」によってきまる。「咲いて」にはよらぬ。つまり、「咲いている」は「いる」の一種であって、「咲いて」の一種ではない。文法的には「咲いて」は「いる」に従属している。
従属する要素が先に立ち、従属される要素があとにまわる。日本語におけるこの鉄則は、大は、センテンスを構成する大きな句の場合にもあてはまり、小は、二つの単語が一緒になって連語になる場合にもあてはまる。

もしあした雨だったら、私は止めにします。

もしこれが英語だったら、――を先におくことも、‖を先におくことも自由である。‖を先においても〈倒置〉という感じはしない。しかし、日本語ではがっちりきまっている。「私は止めにします。もしあした雨だったら」と言えないことはない。しかし、この場合には明らかに〈倒置された〉という感じがある。
「花が」「咲くだろう」のような、名詞＋助詞、動詞＋助動詞のようなときには、名詞・動詞が先に立つが、これも、文法的には「が」「だろう」の方に主導権があって、「花がある」「花が咲く」あるいは、「咲くだろうから」のように、何がつくかは、すべて助詞や助動詞によってきまる。

日本語の語句の並べ方は非常に一貫している。萩原の祖父の言を簡単には笑えないゆえんである。もっとも別の論理に立てば、日本語はいつでも逆立ちしている言語だということになる。

日本語と同類の語順の言語

日本語の語順はとにかく一つの法則によって一貫している。したがって日本語と同じような語順をもつ言語は、世界の言語の中にも数が多い。東洋では朝鮮語、満州族の言語、現代モンゴル語、アイヌ語がそうである。朝鮮語の本では、日本語と語順が完全に一致するということの証拠として、次のような例をあげている。

Ilponin wn 東洋 wi kaunteesə nwn æu ichilchekin 民族 ilanwn kesto chal ihæhaket wætta
日本人 は の 中で は 大変 変った だということ も よく わかって きた

(渡辺吉鎔・鈴木孝夫『朝鮮語のすすめ』による)

モンゴル語やトルコ語等のアルタイ諸語も日本語に似ているが、たった一つ、名詞にかかる人称を表わす連体詞が名詞よりあとにくるという小さな点で、ちょっとちがう。ビルマ語・チベット語も日本語に似ているが、名詞につく連体修飾語が、原則として名詞のあとに来るところだけがちがう。しかし、これらの言語でも、動詞にかかる語は、全部動詞より前に来て、したがって文の最後に動詞が現われる点、日本語とよく似ている。ヨーロッパ語と同じ系統だと言われている言語でもイラン語、アルメニア語、インドのヒンディー語の語順は日本語と一致するという。泉井久之助によると、このような言語は、そのほかに、アジア、ヨーロッパの各地にわたり、まだまだたくさんあるという(『ことばの講座』I)。

ウラル諸語に属するハンガリー語は、今は他動詞を目的語の前に置くが、古くはアジアのウラル諸語なみに目的語が前にあったという。代表的なヨーロッパ語、ラテン語も、いろいろな語順を使いえたが、日本語と同様、動詞を最後にすえるのが標準的な形だった(同書)。とすると、日本語のことばの順序は、世界の言語の中で、ごく平凡な順序ということになる。

語順の五類型

一体、日本語といちばん語順のちがう言語はどの言語か。そもそも世界の言語には、どのような語順の類型があるのか。現代の英語はしばしば日本語と非常に対立し、たまたま漢文の語順が英語とよく似ているので、日本語と英語・中国語が対立している両極端かと思ってしまうが、ちがう。ヨーロッパのケルト語は動詞が先に来て、主語や目的語は、そのあとにぞろぞろ立つという。修飾する言葉は、修飾される名詞よりあとに来る。これなどが日本語と一番極端に対立するものだ。中国語は、名詞を修飾する語が名詞より前に来るから日本語に一歩近く、英語もそういうことが多いが、フランス語はあとにくることが多く、このケルト語に近い。東南アジアではタイ語・ヴェトナム語がそのようで、これも日本語とかなり語順のちがう言語の一つである。そのほかに、先に述べたビルマ語のようなのがあるから、世界の言語は語順から見て次の五類型になる。

(1)日本語式　主語—目的語—他動詞の順　ただし、修飾語は名詞の前に。

(1)′ビルマ語式　主語—目的語—他動詞の順　ただし、修飾語は名詞より後に。

(2)中国語式　主語—他動詞—目的語の順　ただし、修飾語は名詞より前に。

(2)′フランス語式　主語—他動詞—目的語の順　ただし、修飾語は名詞より後に。

(3)ケルト語式　他動詞—主語—目的語の順　ただし、修飾語は名詞より後に。

後置詞と前置詞の有無

アメリカの言語学者グリーンバークは、このように分類したあとで、(1)(1)′の言語は、後置詞、つまり日本語の助詞をもっていて、前置詞がなく、(2)(2)′(3)の言語は、前置詞をもっていて、後置詞をもたないという一般法則があることを発見した。

これによると、(1)(1)′と(2)(2)′(3)との間に大きなちがいがあり、(1)′は(1)のうちで一歩(2)に近いもの、(2)は(2)′よりも一歩(1)に近いものと言える。中国語や英語では自動詞の場合、主語より前に出ることがあり、(2)(2)′と(3)が近いことを証明している。中国語の「有山有河」「立春」「降雨」など、英語の“Here is a book.”もそれだし、“Is this yours?”という疑問文もそれだ。

なお、主語と目的語については、世界を通じて主語を先にするのが原則だということもグリーンバークは発見したが、松本克己の「日本語の類型論的位置づけ」(『言語』昭62・7、別冊)によると、広い世界には七つだけ、南米とニューギニアには目的語の方を先にいう言語があるそうだ。

疑問文の語順

ここで疑問文についてちょっと注意しておく。英語やドイツ語などでは疑問文では、主語と動詞とがひっくり返って、

This is a pen. → Is this a pen?

となる。これは疑問文であることが最初からわかって明快である。日本語では疑問文であることを表わすのは文末の「か」であって、それを聞くまでは疑問文か何かわかりにくいという欠点がある。

もっとも今度は英語などでは、疑問詞のはいる疑問文では、その疑問詞をかならず文の最初に言わなければいけないというきまりがある。

What is this?　　Where does he go?

のようで、

これは何ですか　　あの人はどこへ行きますか

などという日本語とは異なる。が、日本語ではあとのような場合、

どこへあの人は行きますか

とも言う自由があり、この方が便利なのではないか。

日本語の並べ方の自由さ

次に、日本語の語順は自由であるか自由でないか。これには二つの答がある。古典文法の権威・松尾捨治郎は前者の立場に立ち、たとえば、

此の暁　ほととぎす　二声三声　悲しげに　平安城を　東南より　西北に　すぢかひに
鳴き過ぎぬ。

という文があれば、これは九つの文節がどのような順序にでもなると論じた。が、これは、「自由に置き換えても意味が通じる」ということと、「自由に置き換えても置き換えられたという感を与えない」というのを混同した議論だ。

それから、

猫が、鼠を、捕える。

というセンテンスがあるとする。日本語ではこの三つの要素をどう入れかえても意味は変わらない。それはたしかだ。しかし、「猫が捕える、鼠を」というと、いかにも順序がひっくり返ったという感じを与える。このようなのは、ほんとうに語順が自由だというのとは少しちがう。先の「此の暁　ほととぎす……」の例でも、「鳴き過ぎぬ」をセンテンスの途中にもっていくと、それより後におかれる語句は、すべて狂った位置におかれたという印象が与えられる。

中国語は、一つ位置が狂っただけで文意が大いに異なる。「子女」は、男の子と女の子、「女子」は女の子の意、ぐらいはいいとして、

「船来了」――船は来た　　「来船了」――船が来た

「我在這裏写」――私はここで書く　　「我写在這裏」――私はここに書く

語順のもっとも発達した言語と言うべきだろう。

日本語は、中国語・英語にくらべるとたしかに語順は自由である。ドイツ語やフランス語も、日本語よりがっちりきまっているようだ。しかし、ラテン語などはずいぶん自由だったらしい。M・ペイによると、スペイン語やイタリア語などはその伝統を受けて、ずいぶん自由がきく。アメリカの学生がはじめて、スペイン語を――特にその文章語を習うときにうき身をやつすのは、そのセンテンスの中のどこに主語が隠れているかを探すことで、主語はセンテンスのどの位置にでも、――たとえば長いセンテンスの一番終わりに隠れていることもあるという。

日本語は語順が自由なのが特色だ、と言うのは言い過ぎである。ペイ(『言葉の話』)やイェリセーエフ(『世界の言語』)などは、日本語を語順の比較的やかましい言語の方に入れている。

修飾語が先に来る不便

日本語のこのような語順、――従属的な要素を先に、主要な要素をあとにおく語順は、日本語の表現の上にいろいろな影響を与えている。よく言われることは、修飾語が先に来るために、それが長いときには何を言い出すのか容易につかめぬということだ。

かつて、NHKテレビの人気番組に「ジェスチャー」というのがあったが、柳家金語楼・水の江滝子両キャプテン以下の面々の華やかな活躍をまだ覚えている人は多かろう。林大が、あれを見ていると、日本語の語順を考えさせられると言い出したのはおもしろかった。

まず問題を出す人がおり、それからその問題をチームから選ばれた一人だけが知っていて、演技をして自分のチームの人にあてさせるというものだったが、たとえば、こういった問題が出たとする。「たらいで行水をしている美人をフシ穴からのぞこうとして溝へ落ちた男」。そうすると、演技をする人は、決してこの順序には演技しない。はじめに「たらい」を出して、それから「行水をしている美人」という順序には演技しない。そんな順序に演技をしたら、チームの人の頭を混乱させる。どうやるかと言うと、まず「男」を出す。ネクタイを示す身振りをして「男」を演ずる。その次に、その男を脇にどけて置いて今度は「美人」を出し、それが「行水をしている」様子を出す。それをまた別にしておいて、さっきの男がフシ穴からのぞくしぐさをやる。そうして最後に「溝へ落ちる」を演技するのが定石だった。

当てる側は、これに対してどう答えるかというと、はじめは演技の順序に「男が、美人が行水しているのをフシ穴からのぞいて溝へ落ちる……」というようなことを言う。そうすると、演技をした人が、そうではない、順序が違うという身振りをする。そうして、最後に「たらいで行水をしている美人をフシ穴からのぞこうとして溝へ落ちた男」という順序に変えるわけであるが、どうしてはじめにあのような、問題とは違った順序に演技をするかというと、これは結局「フシ穴からのぞこうとして溝へ落ちた男」という場合に、「男」という方を先に出す方が、あてる人に理解しやすいからだ。つまり、人物とその動作や状態を言う場合、人物を先に出してその動作や状態はあとから言う方が自然なのだ。そうすると、日本語の順序はこの自然の順序に反しているわけで、そのためにジェスチャー・クイズでは、演技をする人も、当てる人も苦労することになる。

このような事態に対して、よく、人は英語やドイツ語には関係代名詞というのがあって、そのためにわかりやすいと言うが、これは別に関係代名詞のせいではない。名詞を修飾する言葉が前にくるか、あとにくるかの問題であって、せっかく関係代名詞があっても、それが名詞の前に来たのではどうにもならない。

日本人はこういうことから、修飾語を前におく日本語を使いながら、早く言いたいことがなかなか言えない不便をかこっているのだ。

さまざまな対策

日本人は日本語のこういう性格を認め、何とか明快に意図を伝える方法を考えた。会話などでは、修飾語を引っくり返してあとへ持っていくことをやる。

今度お隣りへ来たお嫁さん見た？　色の白い、背の高い……

きのう、またあの男がやって来ましたよ、この間ほうほうの体(てい)で逃げ帰った……

しかし、これはあまり自由にはできない。芥川竜之介は文章の上でこんな言い方を工夫した。

二人が庭から返って来ると、照子は夫の机の前に、ぼんやり電灯を眺めていた。青い横ばが、追随者は出なかった。

えがたった一つ、空に這っている電灯を。（『秋』）

一番成功したのは、助詞「の」を用いる手である。湯沢幸吉郎が『国語法論考』の中で注意しているが、昔の日本語には、

白き鳥のはしと足と赤き、しぎの大きさなる、水の上に遊びつつ……（『伊勢物語』）

というようなのがあった。これは今でも使っていて、「卵のゆでたの」「土瓶の口が割れたの」などとやっている。少し長い句ならば、「で」と「の」を用いて、

白い鳥で、クチバシと足とが赤くてシギぐらいの大きさなのが、水の上に……

とすることになる。この言い方は名詞を修飾する言葉が名詞よりあとに来ていて、いわゆる関係代名詞のないことを歎かないですむ。日本語はこの言い方をもっと活用するといい。

まぎらわしい修飾語

日本語では名詞の場合に限らず、動詞の場合でも、修飾する言葉よりあとにくる。そうすると、途中に、同じような名詞や動詞が来ると、その修飾語は、どっちの名詞、どっちの動詞に続いて行くのか、わからなくなることがある。

美しい水車小屋の娘　　赤いお墓のひがんばな

まあ、これらは常識で、「美しい」は「娘」に、「赤い」は「ひがんばな」にかかると解釈できよう。これがもう少し複雑になって、

今は亡き姉の恋人の弟と　仲よくせしも悲しと思ふ　　石川啄木

となると、「今は亡き」は姉ともとれ、姉の恋人ともとれ、またその弟ともとれそうだ。

動詞に修飾語をつけた時も、その前にその修飾語へ続いて行く語句があると、そっちに関係する語句かともとれ、難しい。永野賢が『ことばの研究室』(NHK編)で発表した、

渡辺刑事は血まみれになって逃げ出した賊を追いかけた

で、血まみれになったのは、渡辺刑事ともとれるし、逃げ出した泥棒ともとれる。

なお、以前は主語というものは、文の先頭に立つというように言われたものだが、三上章や佐伯哲夫によって、

いつ　どこで　誰が……

と行くのが、わかりやすい順序で、これが常道だということになった。たしかに、昔話をするにしても、

昔々、あるところに、おじいさんとおばあさんが、ありました。

とあって、「おじいさんとおばあさんが」を「昔々」より前へは持っていかない。

もし、この「いつ」「どこで」より前へ持っていくものがあるとすると、何か。まず、前の文脈との関係だろう。つまり「しかし」とか、「それから」とかいう接続詞の類い。次は、「—ので」とか「もし—なら」とかいう前提を示す語句が来そうだ。そうしてその次は、「—は」という題目だろう。それから、時・場所・主格などが来るというのが普通の順序と言える。

一つの動詞に対して、長短さまざまの連用語がかかっていく時、本多勝一は長いのを前へ置いた方が文脈がわかりやすいと言った。

短い修飾語にあとに

芥川竜之介の『鼻』に、

内供は……ぼんやり、傍にかけた普賢の画像を眺めながら、鼻の長かった四五日前の事を憶い出して、「今はむげにいやしくなりさがれる人の、さかえたる昔をしのぶがごとく」ふさぎこんでしまうのである。

とあるが、「ぼんやり」は何にかかるのだろうか。「眺めながら」にか、「憶い出して」にか、それとも「ふさぎこんでしまう」にか。ショウの英訳では「眺めながら」にかけているが、筆者は「ぼんやり」のあとに読点があるところから、「憶い出して」にかかると解したい。

また、あとの方にかかる短い修飾語をあまり早く出しすぎると、出したことを忘れてもう一度言ってしまうことがある。例は名作にもある。

清は時々台所で人のいない時に、「あなたはまっすぐでよい御気性だ」とほめる事が時々あった。（漱石『坊っちゃん』）

述語があとに来ることとの不便

さて、日本語では、多くの語が続いていき、大切な語があとに来る。つまり、一つのセンテンスでは、全体をしめくくる、いわゆる〈述語〉がセンテンスの最後に来ることになる。これは、日本語のセンテンスの終わりを明確にする効果がある。しかし、センテンスの一番大切な意味は、最後の動詞句にあるので、最後まで意味がわかりにくいことが多い。

宮沢賢治の石碑に刻まれている有名な詩「雨ニモマケズ　風ニモマケズ　雪ニモ夏ノ暑サニモマケヌ……」を聞いている人は、珍しい特別な人についての話であることはわかるが、一体その人は誰であるのか、作者がそういう人間だと言っているのか、作者がそういう人間を知っていると言っているのかわからない。最後に「サウイフモノニ　ワタシハナリタイ」という一句に至って、今まで言ったことは、すべて自分の理想の人間のことである、ということがわかるが、そのときは前の方を忘れていそうだ。これなどは、宮沢賢治という人が意図しておもしろく工夫して作詩したものにちがいない。

これは、人をかつぐ時によく使われる。

この本を君にあげ……

と言うと、くれそうに聞える。そこで手を出しかけると、

たら喜ぶだろうと……

とかわされる。おやおやと思うと、

思うからいっそのことあげ……

とくるので、それではやはりと期待するが、

ようかとも思うがまあそこそこに
とウッチャリを食う。

言質をとられまいとする時にも、このセンテンス構造は便利だ。重大なことを言ったあとで、「と思われる節がある」「と見られないこともない」と言って、言葉をにごす。本人には都合がいいが、緊張して聞いてきた相手にとって、いちいちこういうシッポがついたのでは、やりきれない。

平和憲法の前文にも、このうらみがある。

われらは、いづれの国家も、自国のことのみに専念して他国を無視してはならないのであつて、

とある。一体、はじめの「われら」はどうしたというのだろうと思っていると、このあと、

政治道徳の法則は、普遍的なものであり、この法則に従ふことは、自国の主権を維持し、

と続き、まだ結びが来ない。最後へ行って、

他国と対等関係に立たうとする各国の責務であると信ずる。

とあり、やっと、「われらは信ずる」と応ずるのだなとわかる。が、それまでのちゅうぶらりんの気持は相当なものである。

ヨーロッパの古い修辞学では、主語に応じる動詞を最後に持って来る書き方を periodical

sentence（角野喜六の訳では〈掉尾文〉）といって、最後まで緊張させる効果があるといっている。が、これは特別の効果をねらうときにだけ使えばいいことだ。日本語は、正常な語順で書こうとすると、いつも、この掉尾文ばかり用いることになる。これでは読む人はたまらない。

今もあるだろうか、筆者の小学校時代に「タイとタコ」という遊戯があった。前列の生徒と後列の生徒とが追うもの、逃げるものとなり、先生が、「タ、タ、タ、タ、タ……」と言い、最後に「タイ！」と言えば前列が逃げる役、後列が追う役となり、最後に「タコ！」と言えば、後列が逃げる役、前列が追う役に回る。生徒たちは、先生が「タ、タ、タ、タ、タ……」と言っている間、半分及び腰で、最後の音を待っていたものであるが、「……いづれの国家も、自国のことのみに……」と読んでいる気持ちは、タ、タ、タ……を聞いていた気持とよく似ている。

英語では、主語に対する述語は、主語のすぐ次にあらわれる。このような語順を、掉尾文に対して、loose sentence（同じく角野によると〈散列文〉）という。これは、主要な部分が先に出てくるので、読んで明快である。

もし英語で、さきの憲法の前文を書くならば、

We believe that ……

となって、「われわれは信ずる」という関係がきわめて明瞭である。これは英語のうらやむべき点である。

倒置などの方法

日本人はこういう日本語の不便さを何とかして克服しようと、いろいろな努力を試みた。案出された中で最もおだやかな方法は、たとえばこんな言い方がある。

私は思わず息を呑んだ。そうして刹那に一切を了解した。小娘は、恐らくはこれから奉公先へ赴こうとしている小娘は、その懐に蔵していた幾顆の蜜柑を窓から投げて、わざわざ踏切りまで見送りに来た弟たちの労に報いたのである。（芥川『蜜柑』）

この方式に従えば、先の憲法の前文は、

われらは信ずる。いずれの国家も……各国の責務である。

と書かれることになる。

また日本人は新しい表現形式を発明してこの日本語の不便さを克服しようとしたこともある。

願はくは花のもとにて春死なん　そのきさらぎの望月のころ　　西行

の「願はくは」はこれである。この言い方は、「花のもとにて春死なん……ことを願ふ」というよりもわかりやすい。

「惜しむらくは」「曰く」「知らず」などの語法は、いずれもこういう必要から発明された。

紅屋で娘の言うことにゃ　春のお月さまうすぐもり……

などもこの用法である。この言い方を借りれば、憲法の前文はこうなる。

われらの信ずるところでは……

さらに日本人は、語句の形式を全く変えずにただ語句の位置だけを変えることも試みている。これは、ふだんの会話の言葉に始終見受けられる。

どうしたの？　目の上のところ。はれているわよ。

今ちょっとぶつけたんだ、柱に。

あぶなかったわね。ちょっと待ってね、お薬を探してくるから。

傍線のところはいずれも倒置であるが、ごく自然である。

こういう倒置は、詩や歌では始終出てくる。そのために、われわれはほとんど「倒置」という印象さえなくなりかけているほどである。

月見れば千々にものこそ悲しけれ　わが身一つの秋にはあらねど　大江千里

やはらかに柳青める北上の岸辺眼に見ゆ　泣けとごとくに　石川啄木

十とせ経ぬ　同じ心に君泣くや　母となりても　三木露風

日本語の順序にみられる便利さ

以上のように見てくると、日本語の順序は理解されにくい順序であり、そういう語順をもった日本語は、能率の悪い言語ということになるが、そうとばかりも言えない。日本語の順序が自然にかなっているという点もないわけではない。

はじめに、名詞と動詞の位置について考えよう。さきの「ジェスチャー」をもう一度ふり返っていただきたい。われわれが身振りをする場合、名詞とそれに関係のある動詞を使う場合は、名詞をいつも先に言う。先の「溝へ落ちた」というような言い方を、ジェスチャーでやってみると、「溝」という名詞を先に出して、あとから、「落ちた」という動詞のしぐさをする。日本語では、ジェスチャーと同じ「溝」の方を先に出すが、英語はそうではない。fell into a ditch と言って「落ちた」方を先に言う。どうも日本語の順序の方がわかりやすいようだ。

それから「フシ穴からのぞく」というのも同じで、ジェスチャーの場合、まず「フシ穴」を先に出しておいて「のぞく」しぐさをそのあとからやる。英語だったらこれは、peep through a hole と言うであろうが、日本語では「フシ穴」の方を先に、「のぞく」をあとから言う点は、日本語の方がわかりやすい順序であるということができる。

これは実は、目的語と動詞の場合にもあてはまる。「犬を打つ」というジェスチャーをしようとしたら、誰でも「犬」を先に、打つ動作をあとにするだろう。前に日本語で他動詞をあとに言うのは能率が悪いと言ったのは、その目的語がばか長い場合の話で、原則としては、目的語を先に言った方がわかりやすいのである。

バレエ「白鳥の湖」の一場面を思い浮かべられたい。王子ジークフリードが、王女オデットに愛の告白を身振りでするところがあるが、あそこで王子は、まず自分を指さし、次に相手を指さし、次に「愛する」という行為を演技している。あのバレエの原語は何語なのであろうか。

その原語では、“I love you.” の順序で言うのではないか。しかしあの身振りはまさに、“I you love.” で、日本式である。

ところで、何もかもあのジェスチャーの順序にしゃべる言語はないものか。二三三ページの分類で見ると、たった二つ、ビルマ語とチベット語が、ジェスチャーとほとんど同じ順序にしゃべるようだ。すなわち、この言語では、主語・目的語は他動詞より前に、名詞の修飾語は名詞よりあとに来る。これは最も合理的な語順だということになる。

ビルマ語・チベット語は、この表で(1)′の言語である。日本語はこれに近い。日本語の語順は大きく言えば、決してわかりにくい不合理な語順をもった言語ではないようだ。英語などの方が、そういう順序からは隔たっていることがむしろ多いようだ。

「一人の息子」「息子が一人」

こういう点から考えると、日本語は、英語の影響などでなにかわざわざわかりにくい順序に変えてしまっていることがあるのではないかと心配になる。そうして、事実それがあると思う。たとえば、ニュースの放送などで「三人の男の子と二人の女の子が道端で遊んでいましたが……」という言い方をこのごろよく聞くが、日本語では、「男の子が三人、女の子が二人道端で遊んでいましたが」というのが本来の順序だった。これは、その方が誰が考えても耳に聞いてわかりやすい順序であったと思う。

日本では「一人の息子」と言うのと「息子が一人」と言うのでは、元来意味が違う言葉だった。「息子が一人」と言うと、息子が何人かいるそのうちの一人で、「一人の息子」というときにははじめから一人しかいない息子だ。戦争中、「日の丸行進曲」という軍歌があって、

一人の姉が嫁ぐ宵……

と歌ったが、これは「姉のうちの一人」ではなく、「たった一人の姉」の意だった。英語で言ったら the son が「一人の息子」で、「息子が一人」というのは a son にあたる。日本語にはこの違いが本来あったはずで、これを今、日本人がゴッチャにしているのはもったいない話だと思う。

時間・年月日の表わし方

次に、日本語の順序で便利なのは、時間や年月日の表わし方だ。時間でいうと、「午前七時一五分」というのが日本語の順序である。これが英語の場合は、「一五分」が一番先に立つ。そうして「七時」はあとに続いて、a quater past seven そうして「午前」を表わす a.m. が最後にくる。これはどちらの言い方がいいかというと、もしラジオの番組の予告を聞くような場合を考えると、大きく「午前」と言ってもらって、それから「七時一五分」と、だんだん小さい方へ順々に言ってもらった方がわかりやすいにきまっている。アメリカでもしばらく前から「七時一五分」というのを、seven fifteen のように「七時」を先に言う習慣も出来てきたようで、やはりこの方が向こうの人も便利だと思っているに違いない。

年月日をいう場合もまったく同様で、日本語の順序は「昭和六三年三月二二日」という順序で、大きい方から小さい方に進む。英語はこうではない。アメリカとイギリスとで違うそうで、アメリカでは March というのが最初にきて、それから 22, 1988 とちょっと変った順序に進むが、イギリスでは「二二日」が最初で、「三月」「一九八八年」とだんだん大きい方へ進む。これも日本式がいい。

宛名・姓名の表わし方

それからまた場所、手紙の宛名を表わす日本語の順序は、広いところを先に、狭いところをあとに順序を追って並べる。筆者の家の宛名だと、郵便の宛名を書く場合「東京都杉並区松庵二丁目八番地二五号」と、広い方から狭い方に移る。英語の宛名の書き方はこうではない。「八番地二五号」が最初にきて、「松庵二丁目」、それから「杉並区」「東京都」最後に「ジャパン」と、狭い方から広い方に並べる。どっちが便利かといったら、おそらく、郵便局でハガキの宛名を整理するような場合に、広い方が先に書いてあった方がいいだろう。ヨーロッパでも、ドイツとオーストリアでは地名の書き方は日本と同じような書き方をするそうだが、そのよさを認めているからにちがいない。

宛名と同じようなものが、姓名――苗字と名前の順序で、日本では姓を先に名前をあとにして「鈴木一郎」というようにいうが、ヨーロッパでは、英語・ドイツ語・フランス語あたりは、名前を先に苗字をあとにして「ジョン・スミス」というふうに言う。この苗字と名前の順序は、アジアの方はだいたい苗字が先にくるが、ヨーロッパでも、ハンガリーとかトルコとかいうアジア系統の民族では苗字を先に言っているそうだ。日本人はローマ字で姓名を書く時は、名前を先にする習慣があるが、ハンガリー人はローマ字を使いながら頑として苗字を先に書く習慣を改めていないのはりっぱである。

苗字を名前より先に書く方が便利である証拠に、もし電話帳で名前が先にあったらずいぶん引きにくいと思われる。その家族の代表者の名前を考えて探さなければならない。ヨーロッパでも電話帳ではやはり苗字の方を先に出して並べている。その方が便利なのだ。

日本語の語順の乱れ?

日本語の言葉の並べ方は、以上のように不便な点もあり、便利な点もあるということになるが、長い歴史の間にもほとんど変わっていない点は注意すべきだ。さきほどの「子どもが二人」を「二人の子ども」と言うようになったのは珍しい例である。それともう一つ、このごろホテルの名前や書名などに新しい傾向が盛んになった。「東京ホテル」という普通の順序を逆にして「ホテル東京」といったような言い方がふえてきているのがそれだ。本の名前で「日本語講座」などというものも、このごろは「講座日本語」といった名前のつけ方をする。

こういう「ホテル何々」や「講座何々」という呼び方は、そのものの種類が早くわかって便利である。いったい日本でいつごろこんな言い方をはじめたかと考えてみると、これはずいぶん古いようだ。平安歌人を呼ぶのに、「堤中納言」という言い方のほかに、小倉百人一首にあるように、「中納言兼輔」という呼び方もあった。これは、「ホテル東京」の先輩だ。

日本語の語順にみる文学性

最後に、日本語の順序が、時に文学的だということを述べたい。佐佐木信綱の名歌「ゆく秋の大和の国の薬師寺の塔の上なる一ひらの雲」をもし英語に訳したらどうなるであろうか。a piece of cloud という「一ひらの雲」が最初に来る。それから「塔の上なる」というのが来て、「薬師寺の」「大和の国の」と並び、最後に「ゆく秋の」が来るというふうに、順序が完全にひっくり返るのが自然であろう。これはどっちがいいか。筆者は、日本語の順序は、さながら映画の手法だと思う。

この短歌を映画の画面として写したらどうするか。まず、行く秋の情景、たとえば刈り取られた田んぼとか、山の紅葉しているモミジとかを写すであろう。次に、大和の国を象徴するお寺であるとか、古墳の跡であるとか、そういうものを見せて大和の国であることをうかがわせる。それを次第にしぼって古いお寺である薬師寺にもってゆく。薬師寺というと有名なのが三重塔だ。その三重塔をとらえる。しかもその塔を下の方から少しずつ写して行って、最後にあの塔のてっぺんの有名な飾りを大写しにして一緒に一片の白い雲を写し出すだろうと思う。

このように日本語の「ゆく秋の」と言ってから「大和の国の薬師寺の……」と追っていく順序は、実に文学的な表現だというのが、筆者の意見である。

三　語句の結びつけ方

語句と語句の結びつけ方

昔の日本語は、今の日本語のようには言葉と言葉との続きをはっきり示さない。現在、「春が来る」と言うところを、古くは「春立つ」と言った。この「春」は「立つ」の主語だというが、別に「春」は主語だという形はとっていない。また「立つ」の方に「春」の述語だというしるしもない。ただ「春」「立つ」と並んだときに、意味上、「春」が「立つ」の主格になっているというだけの話である。英語で"Spring comes."というときには、第一節に述べたように spring の方は、日本語の「春」と同じであるが、comes の方が「それがくる」であって、spring の方へつながっていく。日本語の「立つ」とはちがい、つながる要素をもっている。日本語の古い形は、中国語の「立春」と同じである。この傾向は日本語の表現の至るところに見られる。

『枕草子』に、

遠くて近きもの、極楽、船の道、男女の仲。

というような文章がある。これも、続きが示されていない例だ。「極楽」「船の道」「男女の仲」、それらの関係がどうであるかは、一切、読者の想像にまかせている。「遠くて近きもの」とそれらとの関係もそうである。和歌や俳句ではあまり格助詞の類いをつけると、「たるむ」とか「概念的になる」とかいってきらう。あれもそのあらわれである。

春の園　くれなゐ匂ふ桃の花　下照る道に出で立つをとめ　大伴家持

眼には青葉　山ほととぎす　初がつを　素堂

荒海や　佐渡によこたふ天河　芭蕉

現在の文章では、意味の明瞭さを重んじ、格助詞を使って、関係を明白にしている。これは日本語での進歩である。しかし、会話などには、助詞を言わないことが、今でも「かどがたたない」という理由で好まれている。

あたし、困っちゃったわ

あなた、あの方とのお約束、どうなさる？

いずれも「は」「を」をどんどん省いている例である。

センテンスの結びつけ方

このような、前後の意味の関係をはっきりさせない傾向は、センテンスとセンテンスとの間にも見られる。第V章の接続詞の項で述べた、接続詞をはぶく傾向はそのあらわれである。

これに関連して日本語では、文脈が一変してもなんら指示がないことがある。こういう文章は、馴れないとはなはだ読みにくい。『源氏物語』の「桐壺」の巻に、宮は大殿ごもりにけり」という箇所がある。これは地の文であるか、会話文であるかがはっきりせず、異説紛々としている。源氏鑑賞の第一人者・島津久基は、どっちとも断を下しかね、なかば独り言に言ったのかもしれんなどと言っている(『源氏物語講話』)。これなど、作者にとって、けっして名誉なことではあるまい。

昔の本には引用のカギカッコがなかった。『平家物語』の「競(きおう)」という章にこんなところがある。渡辺競という源三位頼政の家来がいつわって平宗盛の部下として住み込んだ。宗盛は真意を知らず大喜びだったが、それが、事変が起こった時に、さっと源三位のもとに逃げ去ったので、宗盛一家が周章狼狽するところがこう書いてある。

(宗盛)「すわ、きやつを手延べにして、たばかられぬるは。追つかけ討て」と宣へども、競はもとよりすぐれたる強弓精兵(つよゆみせいびょう)、矢継早の手利き、大力の剛の者、二十四差いたる矢で、まづ二十四人は射殺されなんず。「音なせそ」とて、向ふものこそなかりけれ。

原文には、カギカッコがないので、「競はもとより……」以下は、地の文だと思って読んで行くと、「『音なせそ』とて」とあり、これは宗盛の家来たちの言葉であったか、と気がつくが、それではどこからが言葉であったのかと前へ返ってみると、これがはっきりしない。「競はもとより……」のあたりは、まだ地の文のようであるが「矢継早の手利き」あるいは、「二十四差いたる矢で……」のあたりから、言葉のようになって来て、最後の「『音なせそ』とて」で完全に家来たちの言葉になっている。当時はこういう文章は、別に珍しくはなかった。

このような文章は近代にもある。漱石の『坊っちゃん』の一節、坊っちゃんが赤シャツに誘われて釣りに出るところにこうある。

君釣りに行きませんかと赤シャツがおれに聞いた。……おれはそうですなあと少し進まない返事をしたら、君釣をした事がありますかと失敬な事を聞く。あんまりないが、子供の時、小梅の釣堀で鮒を三匹釣った事がある。夫(それ)から神楽坂の毘沙門の縁日で八寸許(ばか)りの鯉を針で引っかけて、しめたと思ったら、ぽちゃりと落として仕舞ったが是は今考えても惜しいと言ったら、赤シャツは顋(あご)を前の方へ突き出してホ、、、と笑った。

ここで、「あんまりないが」から「今考えても惜しい」のあたりは、坊っちゃんの言葉のはずである。しかし、「……失敬な事を聞く。あんまりないが、子供の時……」と続けて読んでゆくと、「あんまりないが」のあたりは、坊っちゃんの心の中の動きとしか取れない。「今考えても惜しい」のあとに、「と言ったら」と出てくるので、はじめて今のが坊っちゃんの言葉の内容だったかと気づく。毛利八十太郎が、この『坊っちゃん』全篇を英訳したが、ここは次のようになっており、「あんまりないが」以下が坊っちゃんの言葉であることは、ごくはっきりしている。

I told him not much that I once caught three gibels when I was a boy ……

こういう点、日本語の文は実に不明確である。もっともこのところは、書き手としては、読み手がこれを坊っちゃんの心のうちととって読んでいっても、かまわぬつもりだろう。文学作品ではそういう風に書くこともおもしろい。が、これも、文章の正道ではあるまい。

直接話法と間接話法

英文法などでやかましいいわゆる直接話法と間接話法との区別が日本語ではっきりしないというのも、このことと関係がある。

日本語は、この二つの区別がないわけではない。

「……」と言った

は直接話法のしるしである。それに対して、

……ように言った　　……旨伝えた

などは間接話法のしるしだ。

そうして、直接話法の時は「　」の中をその言葉どおりに引用するが、間接話法の時は、

(1) 人称を変える。「『ぼくも行く』とAは言った」は、「Aは彼自身も行くように言った」となる。

(2) デス・マス体をダ体に変える。「『それはちがいます』と言ってやった」は、「それはちがう旨伝えてやった」となる。

(3)　ただし、英語のように時制を変化させることはしない。

というきまりはあるのだが、実際には、「と」を使いながら間接話法にしていることがある。

彼自身が行くんだと言って聞かないのです。

要するに「と」を使った場合は、はたして直接話法か間接話法かを判断しなければいけない。

昔はもっとひどい書き方があって、直接話法ではじめたものを間接話法で結ぶものがある。

木曾、西国へ使者を立て「急ぎ上らせ給へ。一つになって関東へ馳(は)せ下り、兵衛佐討つべきよし言ひ遣はしたりければ……　（『平家物語』法住寺合戦）

これは、『兵衛佐討つべし』と言ひ遣はしたりければ」とありたかった。

一般に、一つの文のはじめとあとの部分とがうまく呼応していない例は古くから多い。

その故は、無常・変易の境ありと見るものも存ぜず。（『徒然草』第九一段）

これは「存ぜざればなり」とほしいところだった。

相模の守高時といふは、……朝夕好むこととては、犬食ひ、田楽などをぞ愛しける。（『増鏡』第一五）

これは、「……などにてぞありける」とあってほしかった。

筋の通らない文章

筋の通らない文章は、近代の作家でも書きかねない。

金は借りるが、返すことは御免だという連中はみんな、こんなやつらが卒業してやる仕事に相違ない。(『坊っちゃん』)

芥川竜之介といえば、日本で明快な文章を書いた代表的な作家であるが、時にはこんな文を書いている。

しかしそれに対する反感よりは、内供のそういう策略をとる心もちの方が、より強くこの弟子の僧の同情を動かしたのであろう。(『鼻』)

これでは反感も同情を動かす動機になるように聞こえるが、事実は、内供のいじらしい心持ちが反感を消してしまうほど強く伝わり、それが同情になったにちがいない。ショウはここを合理的な英語に訳している。

連体的修飾語の結びつけ方

ところで、吉川幸次郎に「国語の長所」という論文がある(『現代随想全集』21)が、その中で、日本語ぐらい単語を自由に結びつけていける国語は珍しい、と言う。そうして、

袖ひちてむすびし水の氷れるを　春立つけふの風やとくらん　紀貫之

という歌が、非常に複雑な内容をただの一センテンスで言いおおせている点を指摘している。中国語は、簡潔をもって聞こえているが、この趣をもし漢詩にしたら次のようになるという。

「袖ひぢてむすびし」と「水」との結合、「春立つ」と「今日」との簡単なむすびつけは、注目すべきものらしい。

記曾沾双袖　臨流濺濺弄　今日春又回　東風乃解凍

雑誌『時事英語研究』に日本の小説の英訳を連載していたクラークは日本語の堪能なアメリカ人であるが、彼によると、最初日本語を習った時、

私がきのう新宿へ行って紀伊国屋で買い物した本は……

というようなセンテンスに接すると、「本は」まで読んで頭がクラクラッとしたという。たしかに、「私がきのう……紀伊国屋で買い物した」あたりまでのところは、「私」なる人間の行動が話題だなと思って聞いている。「本は」へ行って、急に、おや、本の話かと切りかわる。これが実に突然に行われる。たしかに、これは、馴れない人を迷わせる語法にちがいない。

一般に日本語で、連体修飾語は名詞にずいぶん無造作に結びつく。次のようなのもそれだ。

わがこととどぢやうの逃げし根芹かな　丈草

呼び返す鮒売の見えぬ霰(あられ)かな　凡兆

里の母生まれた文を抱き歩き　〔川柳〕

うまさうに何やら煮える雨宿り　〔同〕

まり持ちて遊ぶ子どもをまり持たぬ子ども見ほるる山ざくら花　北原白秋

「の」「は」

「の」という助詞は、名詞につく修飾語を作るはたらきをする。前にも述べたが、この助詞がまたずいぶん突飛なものを結びつける。

忘れじの行く末までは難ければ……

君のわからずやにも、ほとほと感心するよ

俳句にはこの類いがことに多い。

卯の花の芦毛の駒の夜明かな　許六

山は暮れ野はたそがれのすすきかな　蕪村

化けさうな傘貸す寺のしぐれかな　同

「は」は日本語で題目を示す助詞として知られているが、これもまたことに俳句では奇抜なものを結びつける。

次に、日本語にはこれも前に述べたがこんな言い方がある。

海人(あま)が家は小蝦(こえび)にまじるいとどかな　芭蕉

名詞句の流用の自由さ

ぼくはウナギだ

食堂に入る。「何を召上りますか」と言われたときの言葉であるが、考えてみれば、おかしい。ウナギのようなひげを生やした人が言うわけではない。これは、「ぼくはウナギを食べる」という、このうちの「ウナギを食べる」から助詞「を」と動詞的要素——すなわち橋本進吉のいわゆる動作＋叙述性とを取り除いたものをウナギで表わし、動作＋叙述性を「だ」で表わしたものだ。

こういう、名詞の下の「だ」は省略されることもある。

春は曙(がいい)

花は桜木(が最上だ)

などもこの同類だ。これを要するに、日本語では、長い語句の中心にある名詞を取り出してそれで全語句を代表させせることがあるのだ。

次のような言い方も、これと同類のもので、ことわざ・俳句・和歌の類いに多い。「鑿(のみ)と言えば」と来れば、当然動詞句が来るものと予想される。が、名詞をポンともって来て、あやまりとされない。日本語の強引な語句の結びつけ方の一例である。

鑿と言えば　槌(つち)　〔ことわざ〕

うれひつつ丘にのぼれば　花いばら　蕪村

敷島のやまと心を人問はば　朝日に匂ふ山ざくら花　本居宣長

次のような言い方も同様だ。

聞いて　極楽　見て　地獄　〔ことわざ〕

あさがほに釣瓶とられて　貰ひ水　加賀千代女

先に第一節で、日本語のセンテンスの分類を述べたが、ここにあげた名詞どめ、あるいは名詞＋「かな」のセンテンスは、あのうちの〈述定文〉の圧縮だ。だから、これは、次のような歌に見えるように、動詞で終わる、いかにもセンテンスらしい他のセンテンスの次におかれても、矛盾ではない。

春の谷明るき雨の中にして鶯鳴けり　山の静けさ　　尾上柴舟
牡丹花は咲き定まりて静かなり　花の占めたる位置のたしかさ　　木下利玄
山里は万才おそし　梅の花　　芭蕉
門前に船つなぎけり　たでの花　　子規

ことばの転調

日本語には、しばしば、センテンスの初めの方と終わりの方とで、首尾の整わない文が見られる。大久保忠利が「私の行方不明型」(NHK編『ことばの研究室』I)といったのがそれだ。

私は、吉田首相は、日本の保安隊は、軍隊ではないと言っておるのでありまして、軍隊であるものを、軍隊でないと言っておる。

最初の「私は」のかかるところが、センテンスの最後まで来てあらわれないでしまっている。話し言葉はあとで推敲がきかないから、こういうセンテンスがよくあらわれることは、当然である。これは、日本語で、主語を受ける述語が遠く離れて文尾にあることから来るもので、思えば、前にあげた憲法の前文などでは、「われらは」の結びを、よく最後まで覚えていたものと感心したくなる。

日本の文で修辞法として有名なものに〈言いかけ〉がある。あれも思えば、〈首尾ととのわざる文〉の一種である。たとえば、

朝夕好むこととては、犬食ひ、田楽など
犬食ひ、田楽などをぞ愛しける

立別れ往なば
因幡の山の峰に生ふる松
待つとし聞かば……

これは音楽でいえば、ちょうど「転調」のようなものである。「立別れ」の歌などは、二度転調してもとの旋律にもどったもので、まことに鮮やかな技巧である。

Ⅶ　日本人の言語表現

一　日本語の簡略表現

日本語の省略表現

山下秀雄の『日本語のこころ』におもしろい話が出ている。アメリカ人の学生に日本語を教える教室へ出て、この前の授業でちょっと触れた敬語の話をしようとする。復習の意味で、あなたがたは敬語というものを知っていますか、と尋ねたとする。彼らは何と答えるか。

先生はそれを先週私たちに教えましたから、私たちはそれを知っています

という答えがかえってくるそうだ。

これは文法の面から言うと、間違いはなにもない。題目語と述語はちゃんと整っているし、助詞の使い方も完全だ。しかし「先週教えましたから」は日本人なら決して言わない言い方である。そう言ったらそのあとに「お蔭で私たちは迷惑しました」とでも続きそうだ。また「知っています」と言うと、いばっているような印象を与え、「だから教わらなくてもいい」

と言っている感じになりかねない。では、日本人だったらどう言うか。

　先週、教わりました

これでいいのだ。あるいはもっと丁寧に言うならば、「先週、教えていただきました」。これが日本式だ。しかし、このような言い方が日本語では標準的な言い方だ、ということを教えることは、きわめて難しいそうだ。

日本人は、初対面の人へのあいさつで「はじめてお目にかかります」と言って、それでおしまいにする。外国の人は、それはあたり前じゃないか、それでほんとうにあいさつになるかと言う。たしかに、その次に、「どうぞよろしく」というのがなければあいさつになりそうもない。しかし、日本人の間では、次にはそう言うものだということが、了承されている。つまり言外に含まれているのだ。

選挙があると、候補者たちはトラックに乗って「○山○夫です」「○山○夫です」と自分の名を連呼してまわっている。あれも外国の人は不思議がるが、「どうぞよろしく」が言外に含まれているつもりなのだろう。

「私は夜一人で音楽堂へ行ってみた。そこには誰もいなかった」――日本人はこれでちっとも不完全な文とは思わない。ところが、ドイツ語ではこれでは不十分だそうだ。「私以外には誰も」と言わなければ論理的ではない、間違って聞こえる、とは、さても理屈っぽいことだ。

本屋に行く。山下秀雄の『日本語のこころ』はないか、と尋ねられて、本がない場合に店員はどう言うか。「ございませんでした」と言うことが多い。「ございません」で十分なはずであるが、「ございませんでした」と「でした」をつける。理屈を言う人は、現在のことを言っているのだから「ございません」と言えばいいのではないか、なぜ「でした」をつけるか、と言うが、これはやはり、言外に言葉が省かれているのだ。つまり「私どもとしては、当然、その本を用意しておくべきでしたけれども、不注意で用意しておりませんでした」という意味で「ございませんでした」と言うのである。

日本人の寡黙好み

一体、なぜ日本人は、このように言葉を節するのだろうか。日本人の間には、そもそも物は言わない方がいいという気持があるらしい。

昔、中学校時代に読んだ漢文の教科書に、貝原益軒の逸事が出ていたが、どこかの渡し舟の中で、乗り合わせた一人の若造が滔々と経書を講義するのを益軒は黙って傾聴していたという話で、作者はその奥ゆかしさをほめたたえていた。

テレビで野球と相撲を比較して見ていると、野球の方ではアンパイアの判定に不服の場合、選手が色をなしてくってかかることがあるが、相撲では行司がどんなに自分に不利な判定をしても、勝負をした当人は、黙然として前を向いてすわったまま、一切の発言を検査役に委任しているのが目につく。

日本の女性は、レストランへ誘われて「何を食べる?」と聞かれた場合、「何でも」と答えるのをよしと教育された。

尾崎紅葉の『金色夜叉』の熱海の海岸の場面で、お宮は貫一に「きさまは心が変わったな」と叱責されるが、お宮は「ひどいわ」とか「あんまりだわ」とかの一点ばりで、何も申し開きをしない。お宮の胸の中には千万言を費しても弁解したいことがあったであろうが、それを言わずに貫一に足蹴にされて別れる。それが多くの読者の同情を集めたのだった。

主語や修飾語の省略

日本語は、こういうことから〈省略〉の多い言語だという定評がある。古典文法学者・松尾捨治郎は、〈省略〉の多いことを日本語の三大特色の一つとした。たしかに、日本語には他の国語ではっきりことばに出していうところで、出し惜しみした簡潔表現の多いことはたしかである。

よく言われることは〈主語の省略〉である。が、日本語では、主語を省略したというのは不適当で、実は〈主格補語なしの表現〉をするのである。

(1) 暖かになりましたね　(2) ほんとうですね

こんな場合、われわれは何かが省かれたとは感じない。はじめからこういう表現をめざしているのである。理屈では、(1)は「気温が」が省かれていると言える。が、実際には「気温が暖かになりましたね」などとはほとんど言わぬ。“It has become warm.”の全体が「暖かになりました」にあたる。(2)も、「あなたの言うことは」という題目が省かれたわけではない。「暖かになりました」全体がこの場合「ほんとうだ」に相当するのである。

では、主語が省かれたと言える例はないか。ないわけでもない。次のようなのは主語の省略と言えないまでも、主語の節約である。

何もございませんが、どうぞ召上って下さい

これは、「召上っていただくようなものは」という主語が言われなかったといっていい。

主語が不明

これは、漱石の『草枕』の巻頭であるが、英語教育の雑誌で、右の文章の訳を一般からつのったことがある。ところが、応募者のうちには、「登った」「考えた」の主語を I とした人と、he とした人とがあったそうだ。なるほどここの文章には、登った人、考えた人が誰であるかの明記がない。われわれは、登ったのは「余」であることを知っているが、それはかつて『草枕』の本文を先の方まで読んでおぼえているからだ。

山路を登りながら、こう考えた。智に働けば角が立つ。……

一七八ページにあげた徳富蘆花の「相模灘の落日」は、最後まで主語が誰かということを明らかにしない文章だった。

(1)　花散るや伽藍にくるる落とし行く　　凡兆

(2)　雲の峰水なき川を渡りけり　　子規

これも(1)は私がでもいいし、寺の小僧がでもいい。(2)は私がでもいいが、一群の旅人がであってもいい。決定は鑑賞者にまかせている。

主格補語は時に文の途中で変わることもあって、そういう時もいちいち主格補語を書きこまないから承知して読まなければならない。

芭蕉の『奥の細道』の句にこんなのがある。

田一枚植ゑて立去る柳かな

これは、決して、植えた当人が立去ったわけではない。田一枚植え終わるのを見た芭蕉が柳のもとを立去ったのである。ここでは、主格がいつの間にか動いている。こういうことは現代の作品にも受け継がれている。

虎は、すでに白く光を失った月を仰いで、二声三声咆哮(ほうこう)したかと思うと、また、もとの草むらにおどり入って、再びその姿を見なかった。

中島敦の『山月記』の最後のセンテンスである。「見なかった」は「見せなかった」のあやまりではないかという意見も出ているところであるが、作者は、ここで主語を虎から他に変え、しかも文章の簡潔さを失うまいとしたのであろう。

補語の省略

主語以外の補語では、「ある」という動詞の補語が、昔からよく言外におかれる。

『平家物語』の、

我世にありし時に、娘どもを女御、后とこそ思ひしか……

の「あり」は、その前に「りっぱに」というような語が省かれている。『徒然草』の、

あるにも過ぎて人は物を言ひなすに……

の「ある」は、その前に「実際に」が省かれている。「たくさんある」という語句も、ただ「ある」と言うことができる。

「こんな嬉しいことはめったにない」を略して、「こんな嬉しいことはない」という表現は、よく西洋人を驚かす。「嬉しいと言ったらない」の「ない」は、「ほかに」と「こんな嬉しいことは」という二種類の語句が省かれている。「よい」は、

「持ってやろうか？」「いいわ」

というような時に補語の省略が見られる。「持ってくれなくても」という語句が省かれているのだ。「いいわ」の意味で「たくさん」という時の「たくさん」も同様な例だ。この「いいわ」「たくさん」の類いは、外国人泣かせの語句として定評がある。この「たくさん」は、文字どおりに解して、「たくさん持ってくれ」の意味にとる方が、たしかに自然だ。

一般に昔の文では、今の人ならばはっきり言葉に出すようなところを言外におくことが多い。古典作品を読む場合、注意が必要なゆえんである。『源氏物語』の、

思ひ上れる気色に聞きおきたまへる□むすめなればゆかしくて……　（「帚木」）

は、長年源氏物語の註釈を手がけている北山谿太によると、右の□の箇所には、「人の」ということばが入るべきものという(『源氏物語の語法』)。知らないと、思い上がった様子をしているのはむすめかと誤解するところだ。巻頭の有名な語句「いづれの御時にか」は、同様にして「いづれの」の次に「帝の」が略されている、だからこそ「御時」という敬語が使ってあるのだという。こういうセンテンスを解くのはなかなかむずかしい。

受ける語句の言いさし

主語、その他の補語、修飾語の類いだけ残して、それを受けることばをつけないこと――、これは日本語に限らず、ほかの言語にも多い。が、日本語では特に多いらしい。これは、日本語の文脈で動詞が最後に来ること、したがって言わないでも察しがつくこと、動詞をいうと断定の語気がこもる、それを避けること、そんなようなことから来るものだ。

お乗りはお早く　　三つ子のたましい百まで〔ことわざ〕

次の標題もこの応用である。

春は馬車に乗って　　横光利一

おもちゃは野にも山にも　　島崎藤村

この種の、言葉の節約は、特に女性が多くやる。『金色夜叉』の熱海の海岸でのお宮の言葉、

貫一さん、それじゃああんまりだわ

もこれだ。つまり、あんまりどうであるかは省略しているが、これが日本的である。A・ロイドの訳では次のように、「残酷な」という言葉をはっきり使っている。

How cruel you are, Kwanichi!

こういうことは『源氏物語』の昔からあった。われわれが『源氏物語』を読みにくいというのは、このような場合に形容詞をはっきり使わず、読者に想像させるところにもある。国文学者・折口信夫は、物語文学に多い「あはれにおぼす」という類いの言い方は、「あはれに何々におぼす」という形であるべきものが形容詞の何々が省かれたものと解釈し、「いとあさまし」とあれば、「あさましく何々」の何々が省略された言い方と解釈した。

中国語以上の簡略表現

日本語のこのような簡略表現は、時に中国語を上回るということは注意しておきたい。日本人は中国語こそ簡略表現の極致のように思っているが、時には日本語にかなわないようだ。

たとえば、「我們上街去、您去嗎」(私たちは町へ行きます。あなたは?)と問われた場合、中国語では、

我也去(私も行きます)

と答えるべきで「我也」(私も)だけではいけないと言う。日本語では「私も」で十分だ。「日本語がしゃべれますか」(您会講日語嗎)に対して、日本人なら「全然」と言える。中国人は、

一点児也不会

というべきで、「一点児也」だけではいけないそうだ。二六〇ページにあげた「里の母生まれた文を抱き歩き」という川柳は、

老家的母親手捧報告孫子出生的信来回去着

と長くなるそうだ。もっとも「うまさうに何やら煮える雨宿り」は、北京外国語大学の彭広陸によれば、

屋内煮紅豆　饞殺躲雨人

と言うところだそうで、これは日本語より短い。

論理的におかしい表現

日本語の表現は略しすぎたために、論理的にはおかしいと思われるものもある。

いつか清涼飲料水のコマーシャルに、

缶ごとグッとお飲み下さい

と言うのがあった。これでは喉咽（のど）へつかえそうだ。そうかと思うと、

あそこのかどのお寿司屋さん、おいしいわよ

も、日常ごく普通に聞かれる会話である。

日本人がこのようにどんどん思い切って言葉を切りつめるのは、簡単に言っても、相手に通じるはずだと思うからである。

実は日本人の場合、反対に言って通じさせる場合がある。漱石の『吾輩は猫である』に、令嬢の方でも慥(たし)かに意があるんだよ。いえ全くだよ――え？――細君が僕にそう言ったよ。

何でも時々は寒月君の悪口を言う事もあるそうだがね。

というところがある。これは苦沙弥先生には通じなかったようだが、その人に対して関心が深くなると、その人のことをつい話題にする。とくに明治ごろの女性は、その人を好きとは言えなかった。わざと悪口を言ったり、嫌いと言ったりして、その人への愛情を人に悟られたのである。あるいは悟らせる場合もあったかもしれない。

戦後の歌謡曲にも「松の木小唄」の、

いやよいやよと首を振る

とあって、ほんとうは愛情をもっていることを歌っている。

高知県の方言学者・土居重俊によると、高知県の各地に、

大きい↓小さい　　小さい↓大きい　　高い↓安い　　安い↓高い

という風に、形容詞を片端から反対に使うところがあるそうだ。これで間違いが起こらないかと心配になるが、よほど相手の気持を互いに知り合っているのだろう。東京では、よくない恰好を「こんないい恰好で」と言い、粗末な膳で料理を運んだ時に、「上等なお膳で」ということがある。あれがもっと徹底したものにちがいない。

二　他人への考慮

「お茶が入りました」

日本の主婦が、書斎で仕事をしている亭主に呼びかける。

お茶が入りました

平凡な言葉であるが、何と美しい言葉であるか。お茶は自然に入るものではない。亭主のためにお湯を沸かし、土瓶に茶葉を入れて湯を注ぎ、茶碗に注ぐ。そこにちょっとした菓子をそえてから呼びかけるのである。どこかの国ならば、

あなたのために私がお茶を入れたよ

と言いそうなところである。そう言っては自分の行為を恩に着せる言い方になって、相手に不快の思いをさせる。そこでお茶が入ったのが自然現象のように――雨が降って来たとか、小鳥が庭に来た、とかいうのと同じように述べるのである。

お風呂がわきました　　御飯が出来ました

その他すべて、これと同じようなやさしい表現をする。

これと反対のこと――日本人がアメリカへ行って色の黒いお手伝いさんを雇う。その人間が台所でコーヒー茶碗を割った。何と言うか。

お茶碗が割れたよ

と言うのだそうだ。「お茶碗を割った」とは言わない。たしかにお茶碗を割るというのは、力任せに壁にぶつけて粉々にする。これならば「お茶碗を割った」だ。茶碗の方で手から滑り落ちて、勝手に割れたのだから、「お茶碗が割れました」でいいのだという了見である。

日本人はちがう。茶碗は手から滑り落ちたのではあるが、それは自分の不注意からである。その結果、壁に叩きつけたのと同じ結果になった。そこで自分の責任にして、

お茶碗を割りました

と表現するのである。自分の手柄は極力隠そうとする、自分の落度ははっきり認めようとする。日本人の心遣いがこういう表現に出ていると思う。

日本人は人の話を聞く場合、話す人の気持を理解しようしようと思って聞いている。と同時に、日本人は話す側の人も、相手の気持を考え考えしながら話しているということになる。

お客が「灰皿ありますか?」と尋ねる。野崎昭弘によると、ユダヤ人だったら、

「いいえ、ありません。お要りようですか?」

と答えるそうである。日本人なら、そんな返事はしない。

「すみません、すぐお持ちします」

「あの、私はタバコ吸わないもんですから、ついしまいっぱなしで……」

「いやあねえ、あの子がきのうもってっちゃって、それっきり返してこないんですよ。私はいつもやかましく申しているんですが、……」　（『言語』昭60・12）

日本人がいかに相手の気持を考えてものを言っているか。典型的な例として、ハイとイイエの使い分けがある。

「はい」と「いいえ」

英語やドイツ語・フランス語のイエスとノーの使い分けは単純である。自分の答えが、I do のような not を含まない形ならば、質問が「行くか」でも「行かないのか」でも同じことである。もっとも筆者などにはそれが大変ではあるが、とにかく規則は簡単である。

日本では、答えに、

「はい、行きます」「いいえ、行きません」

ということもあるが、

「いいえ、行きます」「はい、行きません」

ということもある。

これは相手の気持を察して答えているので、

「行きますか」「行くんですか」「行きませんか」

のような質問は、相手はこっちが行くと思っている、あるいは行かせたいと思っていると解するから、行く場合が「はい」になり、行かない場合が「いいえ」となる。ところが質問が「行かないんですか」ならば、相手はこっちが行かないと予想しているなと解するので、「いいえ、行きます」「はい、行きません」となる。

ここまではまだいいとして、形だけから見るとさらに複雑になる。金田一秀穂が言っているが「行きませんか」と「わかりませんか」とは形が同じであるが、答え方は次のように反対になるというのである（『言葉の世界』昭60・12）。

(1)　「行きませんか?」――「はい、行きます」または「いいえ、行きません」

(2)　「わかりませんか?」――「いいえ、わかります」または「はい、わかりません」

これは二つの動詞の間にちがいがあって、そのために(1)は誘い、(2)は単なる否定的疑問になっているからである。

このことから注意すべきは、日本人はハイは言いやすいが、イイエは言いにくいことである。イイエは相手の考えに対して、賛成できないことを意味するからである。小泉八雲は『乙吉のだるま』という短篇で、下宿していた焼津の乙吉という魚屋の主人は、自分がどんなことを聞いても、一応イエスと応答すると書いているが、日本人のこの習慣が珍しかったのであろう。

外国人の習慣を見ると、韓国人・中国人はハイとイイエは日本人と同じような使い方をするという。ヨーロッパでは大体、アメリカと同じようであろう。ただしロシア人は日本人と同じらしいと書いた本を見た。

「ね」「なるほど」「やはり」

まだ日本に来て間もない外国人が日本人の会話を聞いていると「…ね」「…ね」の連続が耳に立つという。そうして「ね」とはどういう意味かと聞く。「ね」は、自分は相手と同意見だ、ということのたしかめである。「寒くなりましたね」とは、あなたもきっと寒くなったと思っておいででしょう、私も寒くなったと思います、という意味である。

相手に同意見だということを積極的に表明する言葉には「なるほど」というのがあり、これも人によっては多く使う。漱石の『猫』に出てくる鈴木の藤さんという人物は、金田という実業家に盛んにゴマをすっているが、

なるほど、あの男(＝苦沙弥という猫の主人)が水島さん(＝寒月、若い理学士)を教えたことがございますので――なるほど、よい御思いつきで――なるほど。

とやっている。いかにもお世辞を使われているようでくすぐったかったであろうが、金田はまんざら悪い気持でもなかったらしい。

近ごろ多く使われる「やはり」「やっぱり」も、相手の考えを肯定する言葉である。

日本語の会話には、このような相手と同じ考えだということの表明が多い。そのことから、日本人はあいさつを重んじることになる。日本にはあいさつの種類が多いことが外国人の間で評判である。

あいさつ

前節で、日本人は口をあまりきかない方がいい、口のきき方はへたでもいいという気持があると述べたが、ただ一つの例外はあいさつである。これは行き届かなくてはいけない。「坊っちゃん」は狸や赤シャツの長いおしゃべりにはうんざりしているが、中学校へ赴任した時、同僚が代わる代わるあいさつをした中で、漢文の教師が「昨日お着きで、さぞお疲れで、それでもう授業をお始めで、だいぶ御励精で……」と、のべつに弁じたてたのに対して、「愛嬌のあるおじいさんだ」といって好意を示している。

このごろ、結婚式の披露宴に出てみると、新婦側の主賓として、よく新婦の父親の幼い時からの友人で今社会的に地位をもった人が出てくるが、そのスピーチを聞いていると、

私はきょうの新婦の父親とは子どもの時からの無二の親友でありまして、朝はまだ暗いうちに家を出て、一里の山路を越えて学校に通い……

と延々と弁じたて、いつ新婦の話になるのか心配になるような話しぶりである。一五分ぐらい時間をつぶし、やっと終わった時は何というかと言うと、

以上はなはだ簡単でございましたが……

と言う。あいさつは短くてはいけないと思っている証拠である。

昔のヤクザの仁義の長いことは有名であった。旧軍隊で編成替えになった時に述べるべきあいさつが、また長ったらしいものだった。

感謝

日本人は話す時は、絶えず相手の気持を考慮する。相手によい感じをもたせようとする。ただし、日本人はそのためにお世辞を使うことはよいことと思ってはいない。日本人が重んじるのは、感謝と陳謝である。

日本人が、一年も二年も前のことを覚えていて、お礼を言うことを、外国人は驚く。そうして、中にはうるさく思う人もある。しかし、日本人は恩を重んじる精神から、言わずにはいられないというところがある。

日本人は感謝の意を述べようとする反面、恩に着せることを恐れる。上巻(二四〇ページ)に述べたが、土産をもって他人を訪問した場合、日本人は、「まことにつまらないものですが」と言ってアメリカ人を驚かす。

陳謝

しかし、日本人が感謝よりさらに重んじるのは陳謝である。

たとえば、老婆がバスに乗ってくる。若い娘が席をゆずる。老婆は何というか。「有難うございます」と感謝の言葉を述べるのもいるが、「すみませんねえ」という陳謝の言葉を述べる方が多い。老婆の気持はこうだ。

私が乗って来なかったら、貴女は座ってられたものを、わたしが乗って来たばっかりに立って頂いてすみません。

よその家を訪問する。まず玄関で、「ご免下さい」と最初からあやまって入る。「どうぞこちらへ」と案内されて、「失礼します」と、また、あやまって通る。そうして辞去する時には、「お邪魔しました」と最後まであやまり続けである。

そんな気持から、日本人は外国人が気をもむような挨拶をしたりする。ついこの間逢った人にまた逢った時に、日本人はこう言う。

先日は失礼致しました

欧米人はこう言われると心配するそうだ。

たしかにこの男にはこの間逢った。しかしあの時は自分に対して悪いことはしなかった。今この男は謝っている。すると、もしかしたら、この男はわたしの知らない間に……

日本人はそんな気持で言っているのではない。これには、心理学者の堀川直義が見事な分析をしている。自分は別に気づかずに行動しているが、何分自分ははなはだ不つつかな人間である、だから自分が知らないうちにもしかしてあなたに対して不都合なことをしているのではないか。もしそうだとしたらお許し願いたい――という気持で「先日は失礼いたしました」という表現をとるのだ、ということを言っていたが、たしかにそうだと思う。

あやまる習慣がなくなってきた？

日本の警官はあやまり方によって罪を見逃してくれる。このことから要領のいいのは、口先だけ丁寧にあやまって、あとで舌を出しているものもいる。そういう悪い面もあるが、あやまちをしてあやまることはりっぱなことではないか。筆者はこのあやまる習慣が何か戦後なくなって来たのではないかと恐れる。それは自動車事故が増えたことと関係があるかもしれない。

欧米へ行って先方の車と衝突事故を起こす。と、日本人はつい日本の癖が出て、"I am sorry." と言ってしまう。

ところが向こうの国では、そう言うと損するのだそうだ。この男は自分で過失を認めていると判断され、罰金が高くなる。だから、そういう時は、あくまでも頑張り、先方の車が悪いんだと主張すべきものなのだそうだ。

この習慣が日本に持ち込まれたような気がする。一般に日本人は戦前に比べてあやまる習慣がなくなって来たのではないか。例の朝鮮民族や中国民族に対して過去の行状についてのあやまり方が少ないのはこの傾向の現われではないか。

日本人が平和な幸せな社会生活を送って来た、その原因はいろいろ分析されるだろうが、悪いことをした時にあやまることを重んじた言語習慣も、大きく働いたに相違ない。

終章　日本語はどうなるか

日本語は、前章までに考察したところを総合すれば、いろいろもの足りない点もあるが、全体としてはりっぱな言語で、ことに日本人の心情や生活態度をよく表わしている点では、日本人にぴったりの、かけがえのない言語だということになる。それでは、この日本語は将来どのようになるか。

英語の影響

日本人の中には、日本語はだんだん影を薄くしていって、しまいにはなくなってしまうのではないかと心配する人があるようだ。ことに近頃、英語からの外来語がふえ、また生の英語が跳梁することで、英語にとって代わられるのではないかと懸念する人があるようだ。が、これは絶対に心配はいらない。

フィリピンにスペイン人が来たのは一六世紀だった。そうして一九世紀の末にアメリカ人が代わって、主人となった。フィリピン人が一九三五年に独立国の地位を獲得するまで四〇〇年、欧米人の支配下にあったのだ。が、彼らがその支配を脱し、独立国になったとき、フィリピン人は四世紀にわたる欧米人の原語であるタガログ語その他の言語は健在だった。フィリピンが、自分の国語を忘れていなかった。朝鮮語も、厳しい日本語の制圧を受けながら、戦後独立とともに国語とするに何ら支障がなかった。

現代日本語が英語の影響を受けているといっても、ほんの表面だけである。その根幹の部分は全然侵食されていない。

ワープロの普及

次に、日本語の将来を考える場合、言語機械の発達につれ、日本語はどう変わるかということも考えさせられる。近来、ワープロの普及はまことに目ざましく、恐らく遠からぬ将来に、各家庭にワープロが一台ずつ備えつけられるのではないかと思われる。この場合に日本語にどういう変化がおこるか。

ワープロが漢字というものを拒否しないということは、日本人にとって恵まれたことだった。現在のワープロは、漢字の二〇〇〇や三〇〇〇は簡単に打てる。漢字まじり文の便利さを身にしみて感じていた矢先、これは福音だ。かつての当用漢字の一八五〇字は少なすぎて不便だった。漢字は二千七、八百ぐらいはほしかった。

ワープロが盛んになると、若い人がどんどん漢字を書くのを忘れるだろうと心配する声がある。たしかに、漢字の一画一画を正しくは書けなくなるであろう。しかし、筆者は思う。漢字は、手で書くときは、それほど正確に書かなくてもいい字なのではないか——。

漢字は画がこんでいる。大体の形でどの字かわかるところに特色があるのではないか。似たほかの字と取り違えてはまずいが、横棒の一本ぐらい落しても、それとわかれば構わないのではないか。われわれは昔の人がよく字を正確に書いたように思っているが、あやしいものだ。たとえば、筑摩書房の『現代日本文学全集』の「島崎藤村集」の口絵に藤村の自筆の序文が載っているが、その第一行だけで「陽」「得」「達」の字がみな画が一本ずつ足りない。当時の人は、ふだんは行書・草書で書くことが多かった。そうすると、「扌」と「木」はいっしょになり、「禾」と「ネ」はいっしょになるなど、細かいことはどうでもよかったのだ。ワープロが、正しい字を打出してくれるなら、それでいいのではないか。

自動翻訳機

ワープロの次に、自動翻訳機の盛行が考えられる。いちいち英語を読むのはめんどうだという人のために、手軽な英和自動翻訳機が多くの会社から競争で出るようになると、今のワープロのようになるだろう。はじめのうちは「……するところの」が入ったり、いりもしない「私が」がむやみと入ったり、ぎこちない日本語訳のものばかりであろうが、競争によって、こなれた日本語の訳になるものも出るようになるだろう。文学的なひねった文章になる恐れはないから、わかりやすい文章に訳されてくるだろう。従ってこの文体が直接、日本語を乱す動機になるとは思わない。

一方、日本語を英語に改める翻訳機も競争で出るようになるだろう。現在のところ、たとえば日本語の主語を省いた文例などは機械にかからないという(『言語生活』昭62・1　森谷正規)。

しかし、たとえば筆者の知っている進んだワープロで、不完全な仮名だけの文章でも読みといて漢字をあてて行く能力はすばらしいものである。恐らく将来は、すなおな文章で書けば、前後の文脈から主語を推定し、欠けている主語を補ってくれる翻訳機械も出てくるのではないか。

今のワープロには、

吾輩は猫である。名前はまだない。どこで生まれたかとんと見当がつかぬ。

ぐらいの文章は、仮名で打ってやれば、自動的に漢字仮名まじり文に変えてくれるものがある。「わがはい」ははじめ「我輩」と出るが、訂正の合図をしてやれば「吾輩」と変わる。「見当」も「検討」が先に出る機械もありそうだが、これも訂正の合図でなおる。

智に働けば角が立つ。情に棹させば流される。意地を通せば窮屈だ。

となると、ちょっと難しく、「智に働けば」は「地に働けば」と出てくる。が、これも「地」を「智」に改めるのは、簡単だ。しかし考えてみれば、「智に働けば」とは非常に無理な言葉で、こんな言葉を日常書くことはない。こんな言葉づかいは、ワープロにかけようとするのが常識に欠けている。普通の文章ならば、ワープロは受け付けてくれる。将来の翻訳機械も、そのようなものだろう。

同時通訳者の工夫

日本語の特色を考えるにあたり、西欧語を標準とする考え方は極力排除して論を進めて来た。しかし、西欧語と日本語が大きくちがうということは、やはりいろいろな点で不便であることはたしかだ。たとえば、国際会議などにおける通訳など、英・独・仏……の諸言語は互いに容易なのに対して、日本語だけはさぞ大変にちがいない。こんなことから、日本語をやめて……というような意見が出かかるのであろうが、日本語担当の同時通訳の専門家は何とか工夫し、努力して、難関を切り開いている。

ＮＨＫアジア国際放送文化人会議で同時通訳を担当した加藤信明によると、

大変役に立つこの音響理論を組立てたのは誰であるか？

というような日本語に対して、まず最初はわからないままに、

This very useful acoustic theory was developed ……

と言ってから、

and by whom?

と言うことにしているという。

日本語では「……が多い」と言うが、多くの西欧語では「多くの……が」となる。これに対しては、たとえば、

最近、日本では電車で通学する人が多い

という文は、次のようになるという。

Recently, in Japan people who commute by train are very large in number.

稲垣吉彦(『言語』昭61・3)によると、昭和五八年の一〇月、NHK放送文化調査研究所が、自治体職員の全国大会でことばの調査をしたが、その中で「これからの日本語に対して何を望むか」という質問をした。その回答は、

(1) 伝統的な言葉、情緒のある言葉、風情のある言葉を守ってゆくべきだ。
(2) 外国にも通ずる国際語の一つとなるよう望む。
(3) 平明な、論理的なことば。
(4) マスコミの影響への危惧。
(5) 外来語使用は最小限に。

という順序だったというが、このあたりが、一般の人の考えを代表しているのではないか。

(1)においては、本書に述べた、日本語が情緒的な表現に満ちていることを認め、肯定しているものと見られる。われわれは努力によって、これを守り通せるであろう。

(2)はあとまわしにして、(3)の「平明な論理的なことば」ということについて考えてみよう。たしかに日本語文で書かれたものには、きわめて難解なものがある。その代表的なものとして、法律文がある。しかし、あれは書く人がわるいので、日本語のせいではない。平和憲法の前文にこんなのがある。

日本国民は、正当に選挙された国会における代表者を通じて行動し、われらとわれらの子

孫のために、諸国民との協和による成果と、わが国全土にわたって自由のもたらす恵沢を確保し、政府の行為によって再び戦争の惨禍が起ることのないようにすることを決意し、ここに主権が国民に存することを宣言し、この憲法を確定する。

これは、「行動し」「確保し」「決意し」「宣言し」と中止形が四つ重なって、最後だけ「確定する」と終止形で結んだ体裁になっている。これを見た人は、この四つの「—し」が対等の関係で「確定する」に続いてゆくものと解したくなる。が、もとの英文と照らし合わせてみると、「行動し」「確保し」「決意し」は対等であるが、「宣言し」は「確定する」と対等で、前の三つの対等句が、あとの二つの対等句にかかっていく文脈である。これは、原文の英文からははっきりわかるが、右の日本文からはわからない。なるべく手を加えまいとするならば、「宣言し」は「宣言して」とするだけでもずっとよくなる。

しかし、ほんとうに分かりやすくするためには、「決意する」で一回文を切る。

日本国民は、

(1)　正当に選挙された……行動し、

(2)　われらとわれらの子孫のために……確保し、

(3)　政府の行為によって……することを決意する。

そうして、

ここに主権が……宣言して、この憲法を確定する。

とした方がいい。

憲法の文章は、このように⑴⑵⑶のような箇条書形式も奨励していいのではないか。

日本の地位が、現在のように国際的にのし上がってくると、日本語も当然国際語

——少なくとも一部の社会の国際語にならないかということが考えられてくる。

国際語となる可能性

かつての世界的国際語フランス語は、昔日の面影がなく、ヨーロッパ大陸どこへ行っても英語が通用するようになった。ソ連のようなところでも、意外なほどに英語が通じるという(『言語』昭57・2 西井良一)。パリのフランス人などは、以前は英語で話しかけると、つんとして返事もしないと言われていたが、このごろはそうでもなくなったという。

日本語が国際的になるために、野元菊雄は条件を三つあげている(『言語』昭61・3)。一つは、先進国並みに自国語の世界普及のためにお金を使うこと。これは国策の問題、政府の問題だ。二番目は、国連の公用語にすること。現在、公用語になっているのは、英語・フランス語・スペイン語・ロシア語・中国語・アラビア語の六カ国語で、日本語はドイツ語とともにまだ入っていない。かつての敵国だったという考えが尾を引いているのであるにすぎず、日本は国連維持費をアメリカに次いで多額に出しているのであるから、遠からず公用語になるであろう。そうして三つ目が、日本語をもっと簡易なものにすること、この三つを挙げている。

簡略日本語

その簡易な日本語を、ということについては、野元菊雄は『日本人と日本語』の中に、その一斑を示している。それは動詞の活用などなるべく簡単にして、すべて「……ます」の形だけにする。否定は「書きません」、過去形は「書きました」、意志は「書きましょう」、終止形はもちろん「書きます」、連体形は「書きます時」命令形は「書きませ」などというようにするという。筆者にすれば、たとえば連体形は「書く」にした方が、終止形とちがいが出ていいのではないか、「書きませ」はちょっと奇矯だなどと思うが、そのような外国人向けの日本語を作ることは大賛成である。

このような簡略日本語のほかに、標準日本語はもちろん使うわけで、そうなると、標準日本語の方が簡略日本語の影響を受けて、一部変化することも起こるであろうが、これも受け入れていいのではないか。

あやまることをよしとする態度

最後に、日本人のたえず相手のことを考慮しながら話す態度、ことに、あやまることをよしとする態度はまことに好もしいが、外国人には通用しないから注意しなければいけない。これは日本人の中での生活の場合と、外国人と接触する場合との二役を演じるようにすべきだろう。

しかし、考えてみて、悪いことをした時にあやまってはまずい、自分を主張すべきだというヨーロッパ流の考えは、どう見てもいいとは思えない。悪いことをした時にはあやまる、そうするとこの人は自分の非を認めているということで罪が軽くなる、という方が好もしいではないか。タイ、インドネシア、ビルマ、スリランカ……そういう国の人の間にも、こうした考えがあるように見える。筆者はそのようなアジア人の行き方がほかの国の人にも認められ、欧米などの外国人に多少とも影響を与える日が来ることを期待する。

あとがき

『日本語』の旧版を世に問うたのは、昭和三二年の一月だった。類書がなく、また、『日本語』という題がよかったようで、多くの方々に読まれ、四〇刷以上も版を重ねることができたことは幸せだった。

あれを出した時は、他日あのほかに、文法のうちの形態論と、それから文字論を書かなければと思っていた。が、ほかのことにかまけていて、三〇年もの歳月を過ごしてしまった。今、ここに書き足りなかったことを補い、上・下二巻として、再び各位の前にお目見えすることは、三〇年も経過していることを考えるとき、おもはゆいものがある。

三〇年の間には、この方面の学界の進歩が著しく、たくさんの新研究が出た。私自身も多少考えを変えたところがある。それをできるだけ反映させたつもりであるが、何分不勉強の老骨に鞭打ってしたことで、不備な点が多いことを恐れる。

旧版の時は、読まれた各位から、たくさんのお手紙をいただき、誤まりを正すことができた。新版にはそれを反映させたはずであるが、どうであろうか。その他、著書の上で、また口頭で教えを受けた方々の学恩に深謝する次第である。

ことにお断りしておきたいことは、旧版を出して以後、私は東京外国語大学と上智大学に勤め、日本語学を講じたが、学生諸君には毎年のように「日本語と他国語との比較」という題のレポートを提出させ、この中から勉強できたものが実に多かったことである。学生諸君の名前はいちいちおぼえていないが、例えば、下巻の巻末近くにあげた日本人普通の表現「お茶が入りました」の美しさは、学生諸君のレポートからヒントを得たもので、あのレポートを読んだ時の感銘は忘れられない。もし名乗り出て来られたら、懐かしさに堪えないであろう。

その他、原稿を執筆しはじめてからも、疑問の箇所についていろいろ教示を受けたが、一人名をあげるならば、北京外国語大学勤務の彭広陸氏からの中国語の恩恵は大きかった。

この本を出すに当たって、清書を引き受けて下さった米谷悦子さん、高松暁美さんほかの方々に、それからこの本の出版について終始尽力して下さった岩波書店の坂巻克巳氏に、改めて御礼申し上げる。

昭和六三年二月一一日

金田一春彦

金田一春彦

1913–2004年
1937年東京大学文学部国文学科卒業
専攻―国語学
著書―『日本語音韻の研究』(東京堂出版)
『国語アクセントの史的研究』(塙書房)
『日本の方言』(教育出版)
『日本人の言語表現』(講談社)
『日本語の特質』(日本放送出版協会)
『日本語セミナー(1～6)』(筑摩書房) など
編著―『新明解古語辞典』(三省堂) など

日本語 新版(下)　　岩波新書(新赤版)3

1988年3月22日 第1刷発行
2014年12月5日 第45刷発行

著　者　金田一春彦（きんだいちはるひこ）

発行者　岡本 厚

発行所　株式会社 岩波書店
〒101-8002 東京都千代田区一ツ橋2-5-5
案内 03-5210-4000　販売部 03-5210-4111
http://www.iwanami.co.jp/

新書編集部 03-5210-4054
http://www.iwanamishinsho.com/

印刷・理想社　カバー・半七印刷　製本・中永製本

© 金田一玉江 1988
ISBN 4-00-430003-7　　Printed in Japan

岩波新書新赤版一〇〇〇点に際して

ひとつの時代が終わったと言われて久しい。だが、その先にいかなる時代を展望するのか、私たちはその輪郭すら描きえていない。二〇世紀から持ち越した課題の多くは、未だ解決の緒を見つけることのできないままであり、二一世紀が新たに招きよせた問題も少なくない。グローバル資本主義の浸透、憎悪の連鎖、暴力の応酬――世界は混沌として深い不安の只中にある。

現代社会においては変化が常態となり、速さと新しさに絶対的な価値が与えられた。消費社会の深化と情報技術の革命は、種々の境界を無くし、人々の生活やコミュニケーションの様式を根底から変容させてきた。ライフスタイルは多様化し、一面では個人の生き方をそれぞれが選びとる時代が始まっている。同時に、新たな格差が生まれ、様々な次元での亀裂や分断が深まっている。社会や歴史に対する意識が揺らぎ、普遍的な理念に対する根本的な懐疑や、現実を変えることへの無力感がひそかに根を張りつつある。そして生きることに誰もが困難を覚える時代が到来している。

しかし、日常生活のそれぞれの場で、自由と民主主義を獲得し実践することを通じて、私たち自身がそうした閉塞を乗り超え、希望の時代の幕開けを告げてゆくことは不可能ではあるまい。そのために、いま求められていること――それは、個と個の間で開かれた対話を積み重ねながら、人間らしく生きることの条件について一人ひとりが粘り強く思考することではないか。その営みの糧となるものが、教養に外ならないと私たちは考える。歴史とは何か、よく生きるとはいかなることか、世界そして人間はどこへ向かうべきなのか――こうした根源的な問いとの格闘が、文化と知の厚みを作り出し、個人と社会を支える基盤としての教養となった。まさにそのような教養への道案内こそ、岩波新書が創刊以来、追求してきたことである。

岩波新書は、日中戦争下の一九三八年一一月に赤版として創刊された。創刊の辞は、道義の精神に則らない日本の行動を憂慮し、批判的精神と良心的行動の欠如を戒めつつ、現代人の現代的教養を刊行の目的とする、と謳っている。以後、青版、黄版、新赤版と装いを改めながら、合計二五〇〇点余りを世に問うてきた。そして、いままた新赤版が一〇〇〇点を迎えたのを機に、人間の理性と良心への信頼を再確認し、それに裏打ちされた文化を培っていく決意を込めて、新しい装丁のもとに再出発したいと思う。一冊一冊から吹き出す新風が一人でも多くの読者の許に届くこと、そして希望ある時代への想像力を豊かにかき立てることを切に願う。

（二〇〇六年四月）